Québec inc.

L'entreprise québécoise à la croisée des chemins

Yves Bélanger

Québec inc.

L'entreprise québécoise à la croisée des chemins

HURTUBISE

HMH

Du même auteur

La CSN, 75 ans d'action syndicale et sociale, Québec, Presses de l'Université du Québec, 1998 (avec Robert Comeau).

L'industrie de défense du Québec : dynamique et enjeux, Montréal, Éditions du Méridien, 1996, 90 pages (avec la collaboration d'Aude-Emmanuelle Fleurant et de Céline Métivier).

Hydro-Québec, autre temps, autres défis, Québec, Presses de l'Université du Québec, 1995, 352 pages (avec Robert Comeau).

L'économie de défense de Montréal : un enjeu pour les années 1990, Montréal, Office de l'Expansion économique de la Communauté urbaine de Montréal, juin 1992, 330 pages (avec la collaboration de Catherine Ferembach).

Les défis économiques du désarmement, vers la reconversion des économies militaires, Montréal, VLB éditeur, 1992, 188 pages (avec Nicole Desbiens et Pierre Fournier).

René Lévesque, l'homme, la nation, la démocratie, Québec, Presses de l'université du Québec, 1992, 489 pages (avec Michel Lévesque).

Québec 2000, quel développement ?, Études d'économie politique, Québec, Presses de l'Université du Québec, 1992, 228 pages (avec Pierre Hamel).

Daniel Johnson : rêve d'égalité et projet d'indépendance, Québec, Presses de l'Université du Québec, 1991, 451 pages (avec Robert Comeau et Michel Lévesque).

Le Québec militaire, Montréal, Québec/Amérique, 1989, 203 pages (avec Pierre Fournier).

L'administration publique québécoise : évolution sectorielle, 1960-1985, Québec, Presses de l'Université du Québec, 1989, 226 pages (avec Laurent Lepage).

L'ère des libéraux, le pouvoir fédéral de 1963 à 1984, Québec, Presses de l'Université du Québec, 1988, 442 pages (avec Dorval Brunelle).

L'entreprise québécoise, développement historique et dynamique contemporaine, Montréal, Hurtubise HMH, 1987, 187 pages (avec Pierre Fournier).

Au-delà du P.Q., Montréal, Éditions Nouvelle optique, 1982, 246 pages (avec Gilles Bourque *et al.*).

Données de catalogage avant publication

Bélanger, Yves, 1952-

Québec inc. : l'entreprise québécoise à la croisée des chemins

Comprend des réf. bibliogr.

ISBN 2-89428-267-2

1. Entreprises – Québec (Province). 2. Affaires – Québec (Province). 3. Entrepreneurs – Québec (Province). 4. Entreprises – Québec (Province) – Histoire. I. Titre.

HD2810.5.Q8B44 1998   338.7'09714   C98-940252-5

*Les Éditions Hurtubise HMH remercient le Conseil des Arts du Canada de l'aide
apportée à son programme d'édition et remercient également la SODEC pour
son appui.*

Maquette de la couverture : Oliver Lasser

Maquette intérieure et mise en page : Lucie Coulombe

Éditions Hurtubise HMH
1815, avenue De Lorimier
Montréal (Québec)
Canada H2K 3W6
Téléphone : (514) 523-1523

ISBN 2-89428-267-2

Dépôt légal/1er trimestre 1998
Bibliothèque nationale du Québec
Bibliothèque nationale du Canada

Imprimé au Canada

À Marianne, ma fille, qui fait partie de cette génération qui aura sans doute, en cette période de mondialisation, à réinventer les outils et les stratégies qui permettront à la collectivité québécoise de garder un minimum de contrôle sur son économie.

Table des matières

CHAPITRE 5

Le passage à la grande entreprise, 1960-1975 109

CHAPITRE 6

La mise à l'épreuve de la « garde montante » : 1976-1995 . . 145

CHAPITRE 7

Où en est *Québec inc.* ? Où va le modèle québécois ? 177

Avant-propos

À la suite du dépôt d'une thèse de doctorat boulimique en décembre 1984, Pierre Fournier et moi convenions d'en tirer deux livres. Le premier, consacré à l'évolution historique de l'entrepreneuriat québécois, a vu le jour en 1987 sous le titre *L'entreprise québécoise : développement historique et dynamique contemporaine*. Emporté par le tourbillon d'une recherche très mobilisante sur la reconversion industrielle, le second projet, concernant l'analyse de la trajectoire de l'État québécois, a été abandonné quelques mois plus tard.

Il faut croire que *L'entreprise québécoise* est venu combler un besoin puisque le tirage est épuisé depuis plusieurs mois. J'ai refusé une simple réédition pour deux raisons. Premièrement, dix ans ont passé depuis la sortie du livre. Beaucoup d'eau a coulé sous les ponts et même si nous en sommes encore collectivement à nous demander si la souveraineté est une bonne chose, l'environnement et la dynamique interne de l'entreprise québécoise ont changé de façon significative. Il devenait nécessaire de procéder à une importante mise à jour. Deuxièmement, comme je l'ai indiqué précédemment, un manuscrit sur l'État québécois et ses réalisations était demeuré en chantier. Maintenant que l'heure est à la lutte contre le déficit et pour le « dégraissage » de la machine gouvernementale, j'en suis arrivé à la conclusion qu'il devenait plus pertinent que jamais d'approfondir l'analyse des hauts et des bas du cheminement étatique dans le dossier du développement économique.

Ce livre est donc le résultat d'une double opération qui a amené l'éditeur à conclure qu'il ne s'agissait plus d'une réédition, mais d'un tout nouvel ouvrage. Je partage ce point de vue.

On notera que Pierre Fournier n'est plus signataire du manuscrit. Il s'est engagé, il y a quelques années, dans une nouvelle carrière qui l'a amené à joindre les rangs de *Québec inc.* Je le remercie pour le soutien qu'il m'a accordé pendant toutes les années de collaboration et de partage.

CHAPITRE PREMIER

Québec inc., de quoi s'agit-il ?

Il y a vingt ans, alors que l'attention des chercheurs universitaires était principalement centrée sur l'effet des investissements étrangers, s'amorçait un bien curieux débat sur la «bourgeoisie québécoise». Il faut dire que le Parti québécois venait tout juste de prendre le pouvoir à Québec avec l'objectif avoué et reconnu de promouvoir la reconquête économique par les francophones. Les modalités étaient encore à définir, mais le projet ne laissait planer aucun doute sur l'objectif de reprise en main de l'économie qui avait donné à la Révolution tranquille son slogan le plus efficace : «Maîtres chez nous !». Qui allaient être ces nouveaux maîtres? La collectivité par l'entremise de l'État, comme se plaisaient à y rêver de larges franges de la gauche de l'époque, ou cette prétendue nouvelle classe d'entrepreneurs dont on soulignait de plus en plus fréquemment les faits d'armes dans les médias? Une nouvelle élite était-elle en train de conquérir le Québec? Que visait-elle? Quels intérêts allait-elle promouvoir?

▶ **Les acteurs en cause**

C'est dans un contexte de grande effervescence que s'engage ce débat sur la nature sociopolitique de cette nouvelle classe d'affaires. Pierre Fournier et Jorge Niosi en sont les principaux protagonistes, mais d'autres contribueront à enrichir la discussion. Pour résumer, disons que là où Niosi voit un groupe de petits entrepreneurs rattaché à la grande famille entrepreneuriale canadienne, mais caractérisé par son ethnie et donc francophone, Fournier repère une grande bourgeoisie en gestation aux intérêts régionaux (au sens de québécois) en conflit ouvert avec la grande bourgeoisie canadienne.

Il faut surtout retenir de la thèse de Fournier sa proposition tout à fait originale de concevoir la force économique montante comme le résultat de l'action combinée de l'entreprise privée, des coopératives et de l'État provincial québécois, ce dernier représentant à ses yeux, et de loin, la composante la plus puissante et la plus dynamique du nouveau capitalisme. Pour Fournier, l'État « est un point d'ancrage économique et politique[1] ». L'État comme marché, ses politiques comme instruments de développement et l'action des entreprises publiques comme élément constituant d'un réseau proprement québécois sont, parmi les critères évoqués par l'auteur pour caractériser la nouvelle bourgeoisie québécoise, ceux qui formeront les véritables leviers de modernisation de l'entreprise québécoise. Lorsque soufflera le vent néolibéral à la fin des années 1980, Fournier se joindra activement aux rangs des défenseurs de l'interventionnisme économique du gouvernement.

Pourquoi tant d'État? Pour assurer la formulation et, surtout, la mise en œuvre d'un projet collectif susceptible, en faisant l'unité requise au sein des rangs des entrepreneurs québécois, d'atteindre les objectifs de la collectivité québécoise. Ces objectifs auront essentiellement pour contenu la prise en main du destin de la communauté, la croissance économique et l'emploi. L'État constitue pour Fournier le seul agent capable d'orienter l'action du marché et de donner ainsi un sens à l'action des entrepreneurs privés. C'est conséquemment à la mise en place d'un État interventionniste québécois au début des années 1960 que l'on doit ultimement l'apparition d'une nouvelle bourgeoisie et la naissance de ce que Matthew Fraser, paraphrasant un titre à la mode à l'époque (*Japan inc.*), baptisera *Québec inc.* pour bien faire sentir le vent de modernisme qui souffle sur l'entrepreneuriat québécois au cours des années 1970 et 1980.

▶ Pour en finir avec la question ethnique

Niosi et Fournier ont animé un débat sur le caractère ethnique de la bourgeoisie. Avant les années 1960, le problème ne se posait pas vraiment : il y avait au Canada deux groupes ethniques qui composaient la classe d'affaires, dont l'un, à la fois plus faible et plus concentré géographiquement, le groupe francophone, était ouvertement dominé par l'autre.

Avec les années 1960 et, surtout, avec l'apparition du mouvement souverainiste contemporain, les choses se sont modifiées et le Québec comme territoire est devenu une référence acceptée de la majorité. La bourgeoisie francophone ou canadienne-française est devenue la bourgeoisie québécoise. Ce dernier concept suggère implicitement que les entrepreneurs du Québec forment un tout, pas nécessairement homogène mais aux intérêts communs (même base d'accumulation, etc.) suffisamment développés pour que l'identité québécoise prime sur toute autre chose.

On a peut-être un peu précédé la réalité. Certes, il y a bien toujours eu, ici et là, quelques gens d'affaires anglophones suffisamment attachés au Québec pour s'identifier à lui sans trop d'ambiguïté. Mais pour la majorité, le lien canadien a toujours primé. L'indépendance du Québec, si elle se réalise, changera probablement progressivement cet état d'esprit qui se répercute sur le comportement en affaires. Il est également possible que la communauté d'affaires anglophone en place au Québec décide un jour de quitter la province (ce qu'une partie croissante de ses membres fait depuis vingt ans). Nous pourrons alors considérer à juste titre que l'entreprise québécoise est essentiellement sous la gouverne de francophones et utiliser indistinctement les termes « francophone » ou « québécoise » pour la nommer. Mais tel n'est pas le cas aujourd'hui. Sociologiquement parlant, la classe d'affaires en place au Québec regroupe une pluralité d'ethnies qui n'ont ni les mêmes projets d'avenir, ni les mêmes réseaux commerciaux, ni, souvent, les mêmes institutions financières.

Pour éviter toute confusion et mieux cerner notre sujet d'étude, nous avons donc décidé d'éviter dans ce livre le concept de bourgeoisie québécoise parce que notre intention n'est pas de faire état de la dynamique sociologique des entrepreneurs du Québec. Nous avons choisi de nous pencher sur son groupe majoritaire, soit celui que forment les entrepreneurs d'origine francophone. Nous discuterons donc de la classe d'affaires francophone du Québec.

Pourquoi, comme le suggérait Niosi il y a vingt ans, ne pas plus simplement parler de la bourgeoisie canadienne-française puisque, de toute façon, son contingent majoritaire est concentré au Québec? L'analyse, même sommaire, du comportement des milieux d'affaires francophones hors Québec permet de constater, par exemple, que le Franco-Ontarien Paul Desmarais et le Québécois francophone Bernard Lemaire ont peu de choses en commun. L'univers des francophones hors Québec, surtout dans le milieu des affaires, s'est construit autour de la bourgeoisie anglo-canadienne, dont ils sont devenus les parents mal aimés que l'on n'invite pas aux réunions d'intimes, mais dont on réclame volontiers l'aide quand la stabilité et l'unité du pays sont menacées. Les milieux d'affaires francophones hors Québec n'ont pas pour projet de s'organiser entre eux. Pour Matthew Fraser également, *Québec inc.* et le modèle de développement qui s'y rattache sont une affaire de francophones.

▶ **Le modèle**

Mais comme l'avait noté Pierre Fournier, *Québec inc.* représente beaucoup plus qu'une simple classe d'affaires. Le modèle incarne l'expression d'un projet collectif fondé sur une alliance particulière entre les pouvoirs économiques public et privé, modèle par ailleurs appuyé, comme nous le démontrerons plus loin, par de nombreuses organisations socioéconomiques et dont l'objectif était, à l'époque où Fournier a mené ses recherches, de poursuivre une politique de croissance par la prise en main des leviers économiques du Québec. Même s'il en montrera les nombreuses vulnérabilités, François Moreau conclut, dans un article paru en 1992 [2], que la bourgeoise associée à *Québec inc.* changera pour un long moment la perception des enjeux économiques québécois et réussira à mettre l'accent collectif sur la reconquête des leviers de développement.

Plusieurs apports théoriques importants permettent de comprendre comment il devient possible depuis vingt ans de parler de projet collectif à teneur économique tout comme de symbiose entre l'État et l'entreprise privée, alors que, moins d'une décennie plus tôt, sociologues, historiens et économistes s'acharnaient à expliquer pourquoi les francophones demeuraient encore, après plus d'un siècle de capitalisme, presque totalement étrangers au pouvoir de l'argent et incapables d'agir sur leur propre environnement économique. On s'inquiétait alors de « l'infériorité économique des Canadiens français », pour reprendre le titre d'un ouvrage de Paul-André Linteau [3]. On peut noter deux apports importants. Le premier se trouve dans cette pléthore de travaux sur la modernisation de l'État, que nous laisserons à d'autres le soin d'analyser en détail pour nous concentrer sur les contributions principales. Le second interpelle une notion d'une nature sociologique et économique plus complexe que nous appellerons, à défaut d'une meilleure dénomination, la théorie du consensus social sur laquelle repose *Québec inc.*

▶ L'État et la Révolution tranquille

Aujourd'hui, l'État évoque beaucoup plus spontanément l'immobilisme et l'endettement que le mouvement et l'enrichissement. Il n'en a pas toujours été ainsi. Dans un colloque sur Hydro-Québec tenu à l'UQAM en 1994, Bernard Landry faisait remarquer que les plus grandes réussites collectives des Québécois sur le plan économique se sont accomplies grâce au soutien actif de l'appareil gouvernemental québécois et que les plus spectaculaires sont encore aujourd'hui la propriété des contribuables[4]. Elles sont toutes, disait Landry, des émanations directes de cette période de brassage social généralisé que l'on a baptisée Révolution tranquille.

Le discours nationaliste sur l'État a grandement été influencé par l'école de la modernisation et par celle du révisionnisme.

Les thèses de l'école de la modernisation, dont l'influence a été importante sur l'historiographie contemporaine, ont mis en relief les aspects stratégiques du mode d'intervention de l'État connu et expérimenté au cours de cette Révolution tranquille[5]. D'une société traditionnelle et conservatrice peu favorable à une implication trop directe de l'État, la communauté québécoise, à l'instigation de forces favorables au changement[6], se serait tournée vers une prise en charge par l'État qui aurait fait basculer la société dans le modernisme. Il s'en serait suivi une série de réformes qui auraient modifié à jamais des champs aussi stratégiques que la culture, l'éducation, la santé et le développement économique.

Cette thèse a eu son équivalent marxiste avec l'apparition d'une école de pensée centrée sur l'idée que s'amorce, au passage des années 1960, un virage vers une structure d'État adaptée au capitalisme de monopole. En clair, les références de la classe dirigeante et possédante délaissent leur univers de PME pour frapper à la porte du monde des puissants conglomérats industriels et financiers[7]. Dans l'optique de plusieurs marxistes, l'État sera l'outil de cet accomplissement.

D'autres thèses de même souche verront dans la transformation de l'État la manifestation d'un processus d'émancipation sociale et économique des francophones du Québec. Soixante ans après les appels d'Errol Bouchette ou d'Édouard Montpetit en faveur de la conquête de l'économie et à la suite des travaux d'Esdras Minville, de François-Albert Angers et d'autres, la majorité québécoise aurait enfin trouvé « SA » voie nationale dans le champ économique par le recours au seul instrument collectif à sa portée, c'est-à-dire l'État.

Signalons immédiatement que l'idée était pourtant loin d'être nouvelle. Non seulement avait-elle acquis beaucoup de crédibilité ailleurs au Canada (comme en Saskatchewan), mais également à l'étranger, notamment en France. Au Québec, Alain Lacombe rappelle avec beaucoup d'à-propos qu'Errol Bouchette s'évertuait déjà, au début du siècle, à convaincre ses contemporains de la capacité de l'État d'infléchir le déclin économique de la communauté francophone :

« Le discours d'Errol Bouchette en faveur du rôle accru de l'État prend sa source dans la conjoncture économique particulière où se trouve le Canada français au tournant du XXe siècle. Au moment précis où de grandes et puissantes compagnies américaines menacent de déferler sur le territoire de la province de Québec, la nécessité pour ses compatriotes d'organiser leur industrie nationale lui apparaît plus que jamais incontournable. La fin justifiant les moyens, et comme l'État provincial lui semble l'instrument le plus solide dont disposent ses compatriotes, l'intellectuel n'hésite pas à présenter ce recours à l'État comme l'ultime moyen d'assurer au Canada français son indispensable autonomie économique[8]. »

L'école révisionniste s'est surtout consacrée à faire la preuve que la société québécoise a suivi un cheminement normal, sans comportements distinctifs spécifiques et que son ouverture à l'interventionnisme gouvernemental au début des années 1960 est le fruit de la même maturation que celle qu'on peut observer dans les autres sociétés[9].

Dans un livre sur la période duplessiste, Bourque et Duchastel concluent que la société des années 1950 était certes conservatrice, mais rationnelle, moderne et libérale. Provoquant un véritable ouragan chez les historiens du nationalisme et, du coup, un débat fort intéressant, Ronald Rudin conteste cette vision en dénonçant son insistance exagérée sur ce qui « est normal par opposition à ce qui est particulier[10] ». Il faut, affirme ce dernier, intégrer à l'analyse les éléments irrationnels, comme les préjugés, les attitudes racistes et, plus globalement, les conflits ethniques. Au XIXe siècle, rappelle-t-il, les banquiers anglais croyaient que les francophones étaient génétiquement incapables de gérer une entreprise. Nous nous permettons d'ajouter qu'ils étaient d'ailleurs convaincus qu'en canalisant leurs épargnes vers les grands chantiers de l'Ontario et de l'Ouest canadien, ils leur rendaient service.

En jetant les bases d'un État entrepreneur, il ne fait aucun doute qu'on a coupé le cordon non seulement avec une vision archaïque des pouvoirs publics, mais également avec une conception sans nuance du rôle des entreprises privées. Nous démontrerons dans ce livre que la mise en place d'un État moderne et interventionniste au début des années 1960 a été le principal facteur de réforme du milieu entrepreneurial et de la perception qui sera la sienne de ses responsabilités face à la collectivité. Il est bien entendu qu'on peut trouver divers signes d'éveil avant 1960 et que le nouvel entrepreneuriat n'est pas sorti de nulle part. Mais sans l'électrochoc gouvernemental des années 1960, ce milieu entrepreneurial serait probablement demeuré dans la marginalité.

Nous verrons d'ailleurs, comme François Moreau et d'autres, qu'avec l'influence de la pensée néolibérale et les pressions favorables au retrait de l'État, qui se font de plus en plus insistantes depuis le milieu des années 1980, plusieurs reculs importants seront enregistrés sur le front de la propriété économique. Gardons toutefois ce débat pour le dernier chapitre du livre.

▶ Consensus social et projet collectif

Il convient, ici, de mettre en lumière une analyse fort éclairante sur le programme que certains acteurs nationalistes ont pu poursuivre dans leur démarche visant à promouvoir l'émancipation économique des Québécois. En 1991, alors qu'on l'invitait à définir la contribution de René Lévesque à la modernisation du Québec, Jacques Parizeau déclarait qu'avant 1960 le peuple québécois, se sentant totalement extérieur à son économie, avait glissé vers le chaos social. En l'aidant à reprendre collectivement le contrôle de certains leviers économiques majeurs, comme le développement hydroélectrique, Lévesque aurait, à son avis, aidé au processus de maturation et de responsabilisation sociale. C'est dire à quel point ceux qui ont imaginé et mis en œuvre les grands chantiers qui allaient animer la Révolution tranquille étaient conscients du décalage que vivaient les Québécois entre la société capitaliste venue d'ailleurs et la réalité sociale issue d'ici. Le *Nègres blancs d'Amérique* de Pierre Vallières demeure encore aujourd'hui l'œuvre qui exprime le mieux le rationnel et l'irrationnel qui régissaient l'environnement socioéconomique des années 1960.

Il faut certainement avoir le sens du risque pour affirmer aujourd'hui que la société québécoise demeure dans son essence une société consensuelle, alors même qu'elle vient à peine de se diviser une seconde fois sur son devenir collectif après le référendum d'octobre 1995 et qu'elle apparaît au bord de l'éclatement social maintenant que l'heure est à la décroissance de l'État. On ne s'est pourtant jamais tant consulté et la collaboration entre les grands acteurs socioéconomiques atteint des sommets. Les tables syndicales-patronales, par exemple, sont plus nombreuses que jamais. Lorsque le gouvernement Parizeau a flirté avec l'idée de mettre fin aux travaux des grappes industrielles créées par son prédécesseur, un tollé de protestations s'est élevé.

La recherche des consensus n'est pas un phénomène nouveau au Québec. Dans un superbe ouvrage, Clinton Archibald dégage bien les racines corporatistes de la société québécoise, le rôle assumé autrefois par les « corps intermédiaires » et leurs efforts concertés vers la reproduction d'un ordre totalement dévoué à l'harmonie sociale. Ces bases, notamment au chapitre du rôle reconnu aux organismes de représentation, comme les organisations patronales et syndicales, ont survécu, bien que ce soit sous des formes modifiées, à la laïcisation des années 1960. Sitôt l'Église dessaisie de son rôle de ciment de la société, l'État s'est empressé de rechercher de nouvelles façons de maintenir le côté rassembleur et fonctionnel du corporatisme. Le gouvernement Lesage, quelques mois à peine après la prise du pouvoir, n'a rien trouvé de plus original que de faire renaître le Conseil d'orientation économique du Québec (COEQ), organisme de concertation créé par le gouvernement Godbout pendant la Seconde Guerre mondiale, en lui confiant le mandat de jeter les assises économiques du Québec contemporain[11] et de contribuer au maintien du plus haut niveau de cohésion sociale possible. Faisant référence à la création de la Société générale de financement (SGF), Archibald note qu'elle devait, quant à elle, « soutenir des entreprises collectives qui communieraient avec le milieu[12] ». Plusieurs démarches, allant de la mise sur pied du réseau des caisses populaires aux exercices de planification du Bureau d'aménagement de l'Est du Québec (BAEQ) et à la phase de planification en milieu régional de l'Office de planification économique du Québec (OPDQ), transporteront avec elles une partie de cet héritage corporatiste. La lancée de vastes forums de concertation lors de la prise du pouvoir par le Parti québécois en 1976 et, plus récemment, en 1995, permet de constater que la recherche de structures d'échange susceptibles d'aider à la reproduction d'une démarche consensuelle sera une préoccupation véhiculée avec plus de constance par le mouvement nationaliste québécois.

Québec inc. serait-il l'enfant de la concertation? Alain Noël, lorsqu'il affirme que *Québec inc.* n'est rien de moins qu'un modèle qui mise «sur la concertation entre les secteurs privé, public et coopératif au Québec [13]» est sans doute l'auteur qui pousse le plus loin cette filiation entre l'héritage corporatiste et le nouvel entrepreneuriat. Noël réduit cependant sa définition de *Québec inc.* aux seules entreprises nées de la concertation, ce qui écarte d'emblée toutes les entreprises dont le cheminement est plus traditionnel (c'est-à-dire l'immense majorité des firmes francophones), même si leur démarche s'inscrit, comme c'est très souvent le cas, dans une stratégie économique qui repose sur la concertation. En simplifiant de la sorte, l'auteur est passé à côté de l'essentiel : la finalité de la concertation n'est pas prioritairement de faire naître de nouvelles entreprises, mais bien de créer un contexte favorable à la prise en main économique par la création de nouvelles entreprises. C'est donc de rapports sociaux qu'il faut ici parler.

Paul Bélanger et Benoît Lévesque montrent, dans un article récent, que *Québec inc.* est un amalgame entrepreneurial aux origines très variées, allant de la firme la plus traditionnelle ou la plus paternaliste aux expériences plus volontaristes et plus populaires (comme les fonds d'investissement syndicaux). Les particularismes québécois, écrivent-ils, «résident à la fois dans la mobilisation des ressources humaines, techniques, financières, organisationnelles et sociales sous l'égide de l'État et dans la présence d'un syndicalisme offensif, ouvert à de nouvelles formes de coopération [14]». Ces caractéristiques fondent le modèle de développement dont *Québec inc.* est l'émanation.

Même si, dans plusieurs chapitres de ce livre, nous reproduirons des listes d'entreprises dans le but de donner un peu de consistance à notre propos, il est aujourd'hui plus que jamais inutile de chercher à définir nommément et, surtout, de façon définitive, les entreprises qui remplissent les qualités généralement associées à *Québec inc.* En cette époque marquée par la mondialisation, l'internationalisation et la transnationalisation, les entreprises ont tendance à sortir des cadres souvent un peu étroits que leur imposent les modèles théoriques. Il reste que, nous le verrons également, la grande majorité des entreprises francophones ont assimilé ce que prône *Québec inc.* et contribuent activement à sa reproduction.

Pour nous qui allons bientôt consacrer notre énergie à retracer les origines de l'entrepreneuriat francophone, *Québec inc.* incarne un modèle de développement fondé sur une alliance particulière entre les pouvoirs public et privé, modèle par ailleurs appuyé par de nombreuses organisations socioéconomiques et dont l'objectif a été et continue d'être la poursuite d'une politique de croissance par la prise en main des leviers économiques du Québec.

Dans la pratique, *Québec inc.* s'est, jusqu'à maintenant, surtout traduit par la promotion d'une classe d'affaires privée, non pas pour permettre à de nouveaux riches d'envahir Westmount, comme l'ont malheureusement interprété plusieurs individus, mais pour soutenir le développement de la collectivité québécoise tout en respectant les règles de base du système capitaliste. Nous démontrerons dans le dernier chapitre que le secteur privé n'a que très partiellement répondu à ces attentes, notamment eu égard à certains objectifs prioritaires pour la communauté québécoise, comme la création d'emplois.

Il faut également préciser, contrairement à ce que laissent entendre Gilles Paquet et Jean-Pierre Dupuis [15], que *Québec inc.* n'est pas un phénomène du passé, mais un projet encore d'actualité. L'idée d'exercer un plus grand contrôle sur l'économie québécoise comme de rechercher, pour rencontrer cet objectif, l'appui de larges franges de la société est aujourd'hui aussi vivante qu'il y a trente ans. Les modalités ont changé au plan de la mise en œuvre, mais l'essence du projet est demeurée la même. En matière de contrôle sur l'économie, il est vrai, comme le met en évidence Paquet, que la place de l'État a été remise en question en 1985 au moment du retour au pouvoir de Robert

Bourassa, mais les forces gouvernementales favorables au retrait de l'État étaient convaincues qu'il serait ainsi plus facile pour la nouvelle classe d'affaires francophone de se lancer à la conquête du monde. La concertation a aussi survécu aux années. En 1960, elle était le fait d'une poignée d'individus triés sur le volet mais qui avaient charge de représenter d'importants contingents de Québécois (syndiqués, entrepreneurs, etc.). La volonté du gouvernement Lévesque de démocratiser la société élargira le cercle et rendra le processus beaucoup plus transparent. Après 1985, cette concertation se déplacera sur le terrain des régions, des MRC et des grappes industrielles. Le gouvernement Bouchard lui a redonné, plus récemment, des dimensions nationales avec la tenue de nouveaux sommets économiques dont nous ferons le bilan au chapitre sept.

▶ Les critiques fusent actuellement

Avant de clore ce chapitre, il nous apparaît essentiel de relever quelques-unes des principales critiques adressées à *Québec inc.* Certains analystes ont remis en question la façon dont a été menée la stratégie du grand bond nationaliste par la création d'une nouvelle élite d'affaires. Léo-Paul Lauzon, après une étude exhaustive des émissions d'actions réalisées sous l'égide du RÉA, démontre que ce programme a bien permis d'accroître la capitalisation des entreprises et donc de fournir un financement aux entreprises québécoises, mais à un prix trop élevé pour les investisseurs et les contribuables [16]. Lauzon conteste également l'individualisme et l'égoïsme de cette classe d'affaires privée qui n'aurait jamais vu le jour sans l'appui de l'État québécois et qui n'hésite plus maintenant à mordre la main qui la nourrit en réclamant privatisations sur privatisations. Les ténors de *Québec inc.* et leurs « meneuses de claques », pour reprendre une expression chère à l'auteur, auraient totalement perdu de vue le sens de l'intérêt public [17].

Pierre Arbour, pour sa part, dénonce vertement plusieurs décisions d'investissement de la Caisse de dépôt et placement du Québec, dont les transactions qui ont mené à l'achat de Gaz métropolitain et de Domtar [18]. Selon son estimation, les pertes reliées à l'interventionnisme de la Caisse auprès des entreprises auraient totalisé 1,4 milliard de dollars. À trop vouloir créer une nouvelle classe d'affaires, aurait-on perdu le sens de la mesure? Aurait-on laissé l'opportunisme et une certaine médiocrité prendre les rênes de l'économie? En laissant se créer presque sans contrôle, au sein même de la machine d'État, de puissants lieux de pouvoir et de décision (Hydro-Québec, Caisse de dépôt, etc.), a-t-on permis à un dirigisme aussi occulte qu'incompétent de s'imposer? Ces questions méritent certainement d'être posées et nous tenterons d'y répondre dans le dernier chapitre du livre.

Des analyses nettement plus lapidaires ont été formulées par Smith et Paquet. Dans un percutant article publié dans la revue *Sociologie et société*, Smith veut démontrer que l'intervention de l'État qui a mené à la création de *Québec inc.* ne s'est pas faite de façon «particulièrement fructueuse [19]» ni très efficace. En règle générale, écrit-il, «les résultats de la politique industrielle du Québec se regroupent vraiment à une extrémité de la mesure, celle des performances médiocres [20]». Il ajoute, et il s'agit là d'un point de vue plus étonnant qui trahit une incompréhension certaine de la culture sociopolitique québécoise, que le milieu québécois est le moins propice qui soit au fonctionnement fructueux du système corporatiste. De là à conclure que la concertation a été un lamentable échec, il n'y a qu'un pas, que l'auteur franchit sans hésitation en s'appuyant sur les thèses de l'école du choix public qui, rappelons-le, conçoivent la dynamique sociale comme la manifestation unique d'un rapport de force entre groupes d'intérêts. On en déduit que l'État québécois a succombé aux pressions de demandes émanant de groupes d'entreprises ou de régions influentes politiquement, mais tout à fait inaptes à appuyer les bases d'un développement économique efficace. La solution: se dessaisir au plus vite de cet État et de ses objectifs électoralistes pour laisser la main invisible du marché épurer la société.

Paquet s'attaque au concept. *Québec inc.* suggérerait à tort l'existence d'un réseau et l'idée qu'une coalition de partenaires sociaux se serait entendue sur des règles de gouvernance. Pour aller à l'essentiel, disons que ce dernier auteur pense que la synergie dans le développement économique dont se réclame *Québec inc.*, tout comme la prétendue existence d'une culture d'entreprise proprement québécoise et le présupposé, encore plus aléatoire à ses yeux, qu'une politique industrielle ait pu en soutenir le développement n'ont pas été démontrés. Il conclut que :

« Nos communautés n'ont pas encore réussi à se donner les mécanismes permettant de mieux maîtriser notre avenir [...] et qu'il y a danger à prendre des vessies pour des lanternes, à vivre dans l'illusion qu'on y est arrivé[21]. »

Précisons immédiatement que nous le rejoignons sur ce dernier point. On a célébré bien trop prématurément l'accomplissement de *Québec inc.* et la leçon que sert Paquet remet les pendules à l'heure. Mais de là à jeter le bébé avec l'eau du bain, il y a un pas que l'histoire nous interdit de franchir. Les intellectuels ont souvent le réflexe, lorsque leur programme est plus idéologique que factuel, de s'attaquer aux méthodes et aux concepts en oubliant fort à propos de se pencher sur les contenus. Paquet manie le stratagème avec habileté.

Les auteurs de ces critiques ont manifestement perdu de vue le fait que *Québec inc.* s'est présenté comme une réponse à une foule de phénomènes qui menaçaient et menacent encore l'économie du Québec. Leur analyse ne nous éclaire par ailleurs pas beaucoup sur les solutions de rechange qui pouvaient s'offrir à la communauté québécoise et au gouvernement qui a la mission de la représenter dans un système constitutionnel où sa capacité d'agir sur le développement économique demeure limitée. À l'exception notable de Paquet, ils omettent du même souffle de mentionner que les efforts déployés par le gouvernement fédéral pour offrir une solution « canadienne » aux milieux d'affaires québécois, en même temps qu'un cadre d'action aux entreprises du Canada, se sont soldés par des échecs lamentables (*Programme énergétique national*, troisième option, politique de développement régional, etc.).

La seule question pertinente reste de savoir quelle approche a le mieux servi les intérêts de la communauté québécoise. Celle que *Québec inc.* a incarnée a donné aux Québécois une plus grande capacité de contrôler le développement. Mais la communauté d'affaires francophone a-t-elle atteint ses objectifs, tous ses objectifs? La réponse est évidente en cette période économique difficile. Des erreurs ont été commises, personne ne le conteste, mais doit-on pour autant passer sous silence les succès probants des trente dernières années? Nous pensons que plusieurs réponses aux inquiétudes qu'on peut manifester çà et là se trouvent dans la façon dont le modèle incarné par *Québec inc.* a évolué et dans les changements qui se sont produits, tout au long de l'histoire, dans l'environnement national et international avec lequel il a été contraint de composer.

Pour bien camper cette réflexion, nous proposons au lecteur de remonter avec nous les pendules de l'histoire et de jeter un regard global sur la complexe et très sinueuse trajectoire qui a été celle de la communauté économique francophone. Aussi consacrons-nous la première partie de ce livre à l'analyse des deux siècles qui ont précédé le déclenchement de la Révolution tranquille et où se sont développées les racines de l'entrepreneuriat francophone du Québec, pour nous pencher, dans la deuxième partie, sur l'étude du cheminement plus contemporain de la communauté d'affaires dans ses efforts de prise en main de l'économie québécoise.

On ne saura jamais comment aurait évolué l'économie de la province sans *Québec inc.,* ni si un leadership économique quelconque, plus efficace du point de vue du développement de la communauté québécoise, aurait pu se développer. En cette ère de mondialisation des échanges, de redéfinition du partage du travail et de résurgence du régionalisme, on ne peut éviter la question. Le Québec moderne a fait des choix. Ont-ils été les meilleurs? Le débat est loin d'être terminé !

► Notes

1. Pierre Fournier, «Les nouveaux paramètres de la bourgeoisie québécoise», dans Yves Bélanger et Pierre Fournier, *Le Capitalisme au Québec*, Montréal, Éditions coopératives Albert Saint-Martin, 1978, p. 140.
2. François Moreau, «La résistible ascension de la bourgeoisie québécoise», dans Gérard Daigle et Guy Rocher, *Le Québec en jeu*, Montréal, Presses de l'Université de Montréal, 1992.
3. René Durocher et Paul-André Linteau, *Le retard du Québec et l'infériorité économique des Canadiens français*, Montréal, Boréal Express, 1971.
4. Bernard Landry, «Des diverses manières de vivre dans une économie de marché», dans Yves Bélanger et Robert Comeau, *Hydro-Québec, autres temps, autres défis*, Québec, Presses de l'Université du Québec, 1995.
5. Kenneth McRoberts et Dale Postgate, *Développement et modernisation du Québec*, Montréal, Boréal Express, 1983.
6. Comme les animateurs de Cité libre, de Parti-pris et de diverses forces sociales, dont les syndicats.
7. Gilles Bourque et Anne Légaré, *Le Québec. La question nationale,* Paris, Maspero, 1980.
8. Alain Lacombe, *Errol Bouchette*, Montréal, Fides, 1997, p. 143.
9. Paul-André Linteau, «De l'équilibre et de la nuance dans l'interprétation de l'histoire du Québec?», *Bulletin d'histoire politique*, vol. 4, n° 2, hiver 1993, pp. 13-19.
    Gilles Bourque, «Du révisionnisme en histoire du Québec», *Bulletin d'histoire politique*, vol. 4, n° 2, hiver 1993, pp. 45-51.
10. Ronald Rudin, «Au-delà du révisionnisme», *Bulletin d'histoire politique*, vol. 4, n° 2, hiver 1993, pp. 57-74.
11. Dorval Brunelle, *La désillusion tranquille*, Montréal, Hurtubise HMH, 1978.
12. Clinton Archibald, *Un Québec corporatiste? : corporatisme et néo-corporatisme : du passage d'une idéologie corporatiste sociale à une idéologie corporatiste politique : le Québec de 1930 à nos jours*, Hull, Asticou, 1984, c1983, p. 201.
13. Alain Noël, «Québec inc. : Veni! Vidi! Vici?», dans Jean-P. Dupuis, *Le modèle québécois de développement économique,* Cap Rouge, Presses interuniversitaires, 1995, p. 73.
14. Paul Bélanger et Benoit Lévesque, «La modernité par les particularismes», dans Jean-P. Dupuis, *Le modèle québécois de développement économique,* Cap Rouge, Presses interuniversitaires, 1995, p. 127.
15. Gilles Paquet, «Duplessis et la croissance économique : une analyse exploratoire», dans Alain G. Gagnon et Michel Sarra-Bournet, *Duplessis entre la Grande Noirceur et la société libérale*, Montréal, Québec Amérique, 1997.
    Jean-Pierre Dupuis, *Le modèle québécois de développement économique*, Cap Rouge, Presses Interuniversitaires, 1995.
16. Léo-Paul Lauzon, *Le régime d'épargne actions du Québec : une analyse critique*, Montréal, Services aux collectivités de l'UQAM, 1993.
17. Léo-Paul Lauzon, «Continuer à privatiser Hydro-Québec», dans Yves Bélanger et Robert Comeau, *Hydro-Québec, autres temps, autres défis*, Québec, Presses de l'Université du Québec, 1995.
18. Pierre Arbour, *Québec inc. et la tentation du dirigisme*, Montréal, L'Étincelle, 1993.
19. Michael R. Smith, «L'impact de Québec inc., répartition des revenus et efficacité économique», *Sociologie et Société*, vol. 26, no 2, automne 1994, p. 109.
20. *Idem.*
21. Gilles Paquet, «Québec inc. : mythes et réalités», dans Filip Palda, *L'État interventionniste, Le gouvernement provincial et l'économie du Québec*, Vancouver, Institut Fraser, 1994.

Chapitre 2

Les premières entreprises : 1760-1899

▶ 1760-1840 : Retour sur la Conquête, les rébellions et leur impact sur l'entreprise francophone

Existait-il une bourgeoisie au sein de la colonie française avant la Conquête? Plusieurs chercheurs ont buté sur cette question. Pour Séguin, une classe de commerçants prospères qui servait essentiellement de relais au commerce avec la métropole, surtout dans le lucratif domaine de la fourrure, s'était bien formée sous le Régime français. Cette classe d'affaires aurait pu constituer l'embryon d'une véritable bourgeoisie si les ponts n'avaient été coupés par l'invasion britannique. Séguin affirme en effet que la Conquête a totalement désorganisé le système commercial et freiné dans son envol le développement des élites marchandes implantées en terre québécoise. La désorganisation socio-économique aurait été telle que les francophones auraient perdu toute trace de contrôle sur les affaires. En détruisant le réseau de liens avec la France, l'arrivant britannique aurait ainsi relégué la communauté francophone à un rôle économique mineur.

Dans la foulée des nombreux travaux sur les « tares » cultu-relles des Canadiens français, dont nous devons les plus impor-tants à Taylor [1], à Hughes [2] et à Harvey [3], Ouellet attribue la position marginale des francophones sur le plan économique au manque d'esprit de capitalisme. En Nouvelle-France, les échanges commerciaux auraient été sous la coupe directe de la métropole et la royauté française aurait agi ici, comme dans toutes ses colonies, en déléguant des administrateurs et maîtres commerçants chargés d'acheminer vers les ports français les matières premières requises pour le développement de la France. Au plan local, les valeurs soigneusement cultivées par les communautés religieuses auraient essentiellement valorisé une culture centrée sur l'exploitation agricole[4]. Ouellet repère bien des activités de production parfois fort importantes, comme en témoigne le développement florissant des Forges du Saint-Maurice ou de celles de Batiscan, mais il en estime l'influence marginale au moins jusqu'en 1840. Et même à cette époque, dit-il, les perspectives « étaient peu favorables au développement industriel[5] ». On reconnaît ici la thèse de Gérald Bernier, pour qui l'évolution vers le capitalisme se fait progressivement à partir de 1760, mais ne mène pas à l'industrialisation urbaine avant les années 1840[6].

Ce point de vue est contestable. Dans un brillant ouvrage qui lui valut le Prix d'histoire du Canada en 1926, Joseph-N. Fauteux, en plus de confirmer le caractère florissant du commerce des matières premières à destination de la France, affirme que l'industrie a pris naissance en Nouvelle-France sous la gouverne de l'intendant Talon. Le XVIIe siècle aurait assisté à la naissance de fabriques d'étoffes, de chapeaux, de souliers, à la mise sur pied de plusieurs chantiers navals, à l'exploitation de mines, à la création d'une industrie sidérurgique et à diverses activités de transformation alimentaire, notamment dans le secteur des brasseries. L'auteur souligne aussi que cette industrie était alors bien souvent dépendante du bon vouloir de la royauté française, comme en témoignent les débuts hésitants de l'industrie de la potasse ou l'histoire financière difficile des Forges du Saint-Maurice. Le livre de Fauteux permet de comprendre à quel point la France a multiplié les obstacles et les barrages aux projets de développement industriel et commercial des colons, et fait état des hésitations de Versailles entre la promotion des activités économiques de Québec et celles de Louisbourg. Pour protéger les entreprises françaises, le roi interdira l'établissement de manufactures en terre canadienne. Ce n'est qu'au XVIIIe siècle que l'industrie implantée à Québec, à Trois-Rivières ou à Lévis pourra se manifester de façon plus ouverte, mais elle sera largement confinée à l'espace économique limité de la colonie[7]. La France vivant à l'époque le démarrage de sa propre industrie, la colonie éprouvera de nombreuses difficultés à attirer les investisseurs et les ouvriers qualifiés requis par sa propre industrie.

Tout en affirmant qu'il existait une intense et très florissante activité économique dans la colonie, Nish confirme que le marché local est limité par le niveau encore faible de la population[8] et que toute l'activité entrepreneuriale repose sur la desserte de la France où la noblesse et l'élite marchande ne voient aucune nécessité de « partager » le pactole. Après la Conquête, tous ces bourgeois gentilshommes, pour reprendre l'appellation retenue dans son livre, remballent leurs biens et retournent en France[9], en ne laissant sur place qu'une communauté dépourvue sur le plan économique. Celle-ci est d'autant plus défavorisée que le flux du commerce extérieur change radicalement de direction en prenant la route de l'Angleterre et de l'Écosse. La communauté francophone d'Amérique se retrouve soudainement privée de son élite. Brunet endosse également cette thèse[10]. Mais, comme nous l'avons constaté, les semences avaient commencé à germer dans différents secteurs qui seront précisément ceux qu'exploitera ultérieurement la classe d'affaires locale.

Le débat sur l'existence ou l'inexistence d'une bourgeoisie marchande au moment de la Conquête n'est sans doute pas dépourvu de tout intérêt dans la mesure où le capitalisme industriel et financier tire ses racines profondes du capitalisme commercial. Il est vrai, on le verra plus loin, que certains commerçants s'engageront plus avant dans le développement économique et notamment dans la mise en place de certains réseaux manufacturiers, mais il faut se méfier des rapprochements simplistes. Le travail exécuté en 1750 par les vendeurs de bois et de fourrures n'a rien de commun avec celui du groupe Réno-Dépôt en cette fin du XXe siècle. L'ordre de grandeur est totalement différent, et la fonction assumée par le commerçant dans l'accomplissement de la transaction entre le producteur et le consommateur est d'une tout autre nature.

Comme le soulignent avec beaucoup d'à-propos Bourque et Légaré, le capitalisme tel qu'on le connaît depuis le XIXe siècle n'existe pas en Nouvelle-France et il n'y a donc pas de bourgeoisie au sens traditionnel du terme. La place des gens d'affaires au sein du tissu social n'occupe qu'un espace bien limité. C'est en partie parce que ceux que l'on nommait bourgeois à l'époque avaient la nette impression d'être mis à l'écart, voire carrément dénigrés, que la France connaîtra, trente ans après la Conquête, les heures sombres de la Révolution[11]. C'est plutôt de la suite de l'histoire que dépendra le développement capitaliste au Québec. Mais la Conquête placera ce développement dans un contexte de domination nationale qui limitera considérablement la zone d'influence des francophones. En ce domaine, nous endossons l'analyse de Bernier dont l'apport principal est précisément de mettre en évidence la coupure provoquée par la Conquête et l'impulsion nouvelle qui émane d'un pays, l'Angleterre, où le capitalisme se développe de façon plus vigoureuse. Les Anglais arrivent en terre québécoise avec un bagage que ne possèdent pas les Français[12]. Se pose alors la nécessité, pour les francophones, de se définir un espace face à la nouvelle métropole et à ses agents en terre canadienne[13].

Saint-Germain démontre à cet égard que le changement de métropole entraîne une réorientation des marchés[14]. Les Anglais investissent capitaux et ressources humaines dans la colonie[15]. Montréal, qui ne comptait que 5 000 habitants en 1760, en aura 18 000 trente ans plus tard. Le tissu urbain s'assemble progressivement et le capitalisme, tel que le conçoivent les Britanniques, c'est-à-dire dans une complexe relation entre la production, le développement de marchés intérieurs et la promotion d'un commerce extérieur destiné à promouvoir l'expansionnisme de la mère patrie, commence à prendre forme. Selon Paquet et Wallot, en quelques décennies, la pénétration du marché et la diversification des professions du commerce confirmeront l'implantation capitaliste[16].

L'image de la bourgeoisie francophone qui nous parvient des premières décennies du XIXe siècle est celle d'un groupe composé de petits marchands et de petits entrepreneurs. Cette image est en outre celle d'une communauté peu organisée et lourdement hypothéquée par un certain retard dans l'accumulation de la richesse. Dans *La question du Québec*, Rioux affirme que l'absence d'une bourgeoisie francophone plongera la majorité québécoise dans un long hiver qui durera près d'un siècle [17]. Image frappante, mais exagérée.

Le capitalisme naissant est en effet à l'origine de plusieurs fortunes parmi lesquelles on dénombre, il est vrai, une proportion minoritaire de francophones. Selon Fernand Ouellet, vers 1825, 35 % de l'ensemble de la communauté bourgeoise de la colonie est francophone [18]. L'analyse des relevés statistiques effectués vers cette époque par Jacques Viger permet de constater une forte présence francophone (66 %) au sein de la bourgeoisie foncière montréalaise. Or, les francophones ne totalisent à l'époque que 54,4 % de la population de la métropole. Paul-André Linteau conclut que la bourgeoisie francophone semble affectionner l'investissement foncier apparemment plus directement accessible et plus profitable que le commerce [19].

On ne cherche donc pas nécessairement à se donner tous les leviers nécessaires au développement entrepreneurial. Ainsi, il faudra attendre 1833, soit seize ans après la création de la Bank of Montreal, pour que soit déposée la première requête en vue de constituer une banque proprement francophone. L'administration britannique ne donnera son aval à cette demande que deux ans plus tard, en autorisant la mise sur pied de la Banque du peuple.

La création de la première banque francophone reste un événement chargé de symboles. Elle apparaît comme une tentative consciente de soutenir le développement des entrepreneurs francophones sur leurs propres bases, à partir de leur épargne nationale. Il s'agit indéniablement d'un geste d'émancipation.

Certains indices nous incitent à penser qu'à la veille de la révolte de 1837-1838, les entrepreneurs francophones sont sur le point de se structurer et de s'organiser. Rappelons à cet égard que le Parti patriote de Louis-Joseph Papineau rallie de nombreux commerçants qui appuient un projet politique fondamentalement consacré à une réforme autonomiste. La réalisation d'un tel projet aurait sans nul doute permis aux entrepreneurs francophones d'adopter des réformes économiques qui les auraient éventuellement placés en meilleure position face aux forces économiques anglo-saxonnes. L'échec de la rébellion, même s'il va provoquer l'interruption de ce processus d'émancipation, contribuera néanmoins à intensifier la conscience de l'état « d'infériorité » de la bourgeoisie francophone.

Cette prise de conscience mène, en peu de temps, à l'érection d'un premier réseau économique en concurrence directe avec celui de la communauté anglophone. Les rébellions sont, écrit Saint-Germain, « l'expression d'une prise de conscience nationale ». Nos recherches nous amènent à la conclusion qu'elles contribuent aussi à créer les conditions permettant le développement d'un espace économique « canadien-français ».

▶ **1840-1867 : Comment se développer quand on ne contrôle ni le jeu commercial ni l'agenda politique?**

On a beaucoup écrit sur le rapport Durham et sur cette tentative de résolution du problème francophone pour le moins boiteuse que représente l'Acte d'Union de 1840. Tout en refusant (jusqu'en 1848) la responsabilité ministérielle réclamée par plusieurs, l'Union réduit d'entrée de jeu l'influence politique de la communauté francophone en la confinant à un espace strictement administratif.

Il n'est pas dans notre intention de reprendre les analyses nombreuses et fort édifiantes du cul-de-sac politique dans lequel la colonie est plongée en 1840[20]. Un regard sur la transformation du cadre économique nous apparaît ici plus pertinent. Selon Linteau, c'est précisément à cette époque que s'amorce la première vague d'industrialisation alimentée par la forte immigration des décennies précédentes. Cette industrialisation se réalise surtout dans le domaine de la chaussure, dans les brasseries, les meuneries, les scieries et les produits du bois et du tabac[21]. On explore aussi de nouvelles avenues commerciales à la suite de l'abolition des *Corn Laws* et de l'adoption du Traité de réciprocité avec les États-Unis (libre-échange). Pour l'ensemble des forces capitalistes du Bas-Canada (le Québec), le passage à une politique libre-échangiste a un impact considérable[22] en entraînant une réorientation des ressources locales vers le secteur industriel[23].

Certains entrepreneurs et commerçants francophones tirent avantage de cette politique. C'est notamment le cas de la maison Louis Renaud. Fondée au début des années 1850, cette firme d'exportation capitalise sur l'accès au marché américain et la guerre de Sécession pour se hisser dans les rangs de la haute caste marchande montréalaise. Par ailleurs, profitant des réductions de tarifs douaniers, plusieurs épiciers en gros de la région montréalaise, dont Victor et Ephraïm Hudon, L. Chaput et cie et Narcisse Quintal, investissent dans le commerce des alcools et des vins français. Quarante ans plus tard, ils domineront totalement ce secteur.

Il reste que la société québécoise de la première moitié du XIXe siècle rappelle encore certaines colonies féodales. Il s'agit d'une société dont l'économie générale est principalement de type agriculturiste. Comme l'a remarquablement démontré Gérald Bernier, cette société n'est cependant pas sans rapport avec le capitalisme, ce qui explique la croissance du commerce et l'apparition d'activités de type industriel dans plusieurs régions du territoire. Le secteur agricole est aussi soumis à des pressions économiques qui vont influer sur sa modernisation et sa spécialisation. Le développement d'activités agro-forestières, les scieries, les industries de transformation des produits de la terre (lait, etc.) comme la production de machinerie agricole, pour ne nommer que quelques-uns des secteurs engagés dans cette dynamique, contribuent à ouvrir un espace entrepreneurial à l'intérieur même des frontières et de l'imaginaire de cette société traditionnelle. Il va sans dire que les entrepreneurs francophones, pour des raisons ethniques évidentes, seront tout désignés pour occuper cet espace.

En outre, l'ouverture de nouveaux territoires à la colonisation donne lieu à la mise en place d'une économie de type agro-forestier où l'exploitation des ressources de la forêt occupe une fonction économique de premier plan [24]. Découlant de cette dynamique, l'étroite relation entre l'agriculture et l'industrie de la forêt permet également à un certain entrepreneuriat francophone de se tailler une place.

Cela nous amène directement au dossier du développement régional. Plusieurs historiens nous ont brossé un tableau du capitalisme du XIXe siècle essentiellement montréalais. Il est indéniable, comme le souligne T. W. Achcson, que malgré le fait qu'elle ne regroupe que 10% de la population, la métropole du Bas-Canada est le berceau industriel de l'économie canadienne [25]. En outre, Montréal est à cette époque la plaque tournante du commerce extérieur canadien [26].

Mais ce rôle prépondérant de la métropole fait très souvent oublier que d'autres centres régionaux, dont Québec, Sherbrooke, Trois-Rivières, Saint-Hyacinthe, Saint-Jean, Drummondville et Granby, se développent également. Ces petites villes constituent autant de lieux où se créent de nouvelles entreprises, dont certaines (celles de Québec en particulier) seront ultérieurement appelées à jouer un rôle de tout premier plan dans le développement économique de la province. Des régions moins peuplées, comme celles du Bas-Saint-Laurent, de la Mauricie et des Cantons de l'Est, donnent aussi naissance à des entreprises locales. Il va sans dire que l'inégale vitalité économique de ces régions exercera une influence considérable sur la capacité de ces entrepreneurs de jeter les bases d'un développement durable [27].

Ce sont notamment des entreprises engagées dans l'exploitation forestière et le transport régional qui constituent les principaux points de ralliement de la bourgeoisie francophone. Par exemple, la Compagnie du Richelieu (qui deviendra ultérieurement la Canada Steamship Lines) regroupe en 1845 des intérêts francophones de Montréal et de la région du Richelieu sous la direction de J.F. Sincennes. Au total trente-cinq actionnaires s'en partagent la propriété et investissent ainsi dans la première entreprise importante de transport sous contrôle francophone [28].

C'est cependant dans le domaine financier que se jouent les pièces les plus stratégiques du développement entrepreneurial. Au cours des années 1840, les communautés marchandes de Montréal et de Québec seront à l'origine de divers projets financiers aux conséquences majeures pour le milieu d'affaires francophone. La Banque du peuple acquiert enfin, en 1844, une charte qui lui permet de battre monnaie et de jeter ainsi les bases d'un premier circuit d'échanges francophone.

En 1846, deux événements retiennent l'attention. Un groupe de Montréal tente sans succès de mettre sur pied une nouvelle banque baptisée La Banque des marchands. En outre, la Banque d'épargne de la cité et du district de Montréal est fondée sous le patronage de Mgr Ignace Bourget. Cette dernière s'apparente toutefois à une institution à caractère plus philanthropique que véritablement bancaire. Deux ans plus tard, la ville de Québec mettra sur pied une institution de même nature avec la fondation de la Caisse d'économie Notre-Dame. Diverses sociétés de secours mutuel, dont les origines remontent au XVIIIᵉ siècle, amorcent au début des années 1850 un processus de regroupement sous le nom d'Union Saint-Joseph [29]. Un autre regroupement, l'Union Saint-Pierre, sera mis sur pied en 1859.

Des actions plus stratégiques se font à partir de 1860 avec la fondation de la Banque nationale, située à Québec, qui tire ses origines de la Caisse d'économie Notre-Dame. Cette banque deviendra en quelques années seulement une institution régionale de tout premier plan. Montréal suit peu de temps après en fondant la Banque Jacques-Cartier, également appelée à jouer un rôle primordial auprès des milieux d'affaires francophones. D'autres institutions, comme la Banque de Saint-Hyacinthe, appuieront ultérieurement les entrepreneurs d'autres communautés. Tous ces efforts pour constituer un réseau financier susceptible de soutenir le développement économique de la communauté francophone demeurent certes modestes et sans aucun doute insuffisants pour assurer aux milieux d'affaires l'outil dont ils auraient eu besoin pour s'imposer dans l'espace économique québécois, mais ils contribuent néanmoins à créer un filet financier qui met à la disposition des commerçants et des petits industriels une partie de l'épargne locale, ce qui permet de contrecarrer l'indifférence, voire l'hostilité affichée, des banques anglophones [30].

Les nouvelles institutions financières se transformeront du même souffle en lieux de rassemblement. L'étude de la composition de leur conseil d'administration met en évidence l'engagement de plusieurs entrepreneurs de tout premier plan comme les Desjardins, Sénécal, Cuvillier, Forget et Beïque.

À la veille de la signature de l'Acte confédératif canadien, la situation de la bourgeoisie francophone apparaît donc complexe. L'image qu'elle projette est celle d'une couche d'entrepreneurs aux activités multiples, mais fortement marquée par les caractéristiques de la société canadienne-française de l'époque. Cette bourgeoisie agit principalement dans les domaines foncier, commercial, financier et agricole.

▶ 1867-1899 : L'influence de la Confédération et de la politique nationale

La politique tarifaire instaurée après 1858 et l'abandon de la réciprocité en 1866 ouvrent la voie à l'unification des provinces canadiennes. Le processus s'engage à Halifax en 1864, et mène, trois ans plus tard, à la signature de l'Acte de l'Amérique du Nord britannique (AANB). Noël Vallerand analyse : « La Confédération fut essentiellement une opération de finances publiques ayant pour but de mettre à la disposition des agents reconnnus responsables de l'investissement des ressources nécessaires au développement économique du pays[31]. »

Le capitalisme a pour caractéristique, surtout lorsqu'il s'incarne dans de grands desseins, de créer les fortunes. En proposant la mise en place d'un marché national canadien, l'AANB constitue l'acte de naissance de la grande bourgeoisie canadienne[32]. Le projet repose fondamentalement sur une perspective est-ouest du développement en fonction des tendances industrielles, commerciales et financières des provinces du centre et de la mise en valeur des territoires et des ressources situés à l'ouest de l'Ontario. Il ouvre un gigantesque chantier qui se traduit par la multiplication des travaux publics et l'amorce d'une nouvelle vague d'industrialisation beaucoup plus soutenue que celle des années 1840.

Sur le plan politico-administratif, l'Acte de 1867 propose un partage des pouvoirs entre deux niveaux principaux de gouvernement. Les gouvernements provinciaux héritent de l'éducation, de la culture et de certains domaines de l'activité économique, dont les ressources naturelles, la gestion de la propriété et les travaux publics de nature locale. Le gouvernement fédéral demeure cependant le maître d'œuvre de la politique économique dont il contrôle tous les grands leviers[33].

Une première ébauche de politique économique fédérale voit le jour en 1879 avec l'adoption d'une politique tarifaire consacrée au développement industriel national, qui s'appuie notamment sur le développement d'un réseau de transport[34] et la promotion de l'immigration[35]. Quoi qu'on ait pu écrire sur le fossé que la *National Policy* creuse entre l'est et l'ouest de la rivière Outaouais, elle a un impact majeur sur l'économie québécoise[36], car elle permet le démarrage de la plupart des industries de production de biens de consommation et de transport. Alors qu'entre 1837 et 1867, les pôles économiques les plus actifs étaient l'industrie du bois (scieries), l'industrie agricole et le transport naval, T.W. Achison montre qu'au cours des dix années suivantes, cette politique favorisera le développement des industries du cuir, de la chaussure, du vêtement, de la farine et du tabac; puis, après 1880, elle servira principalement les intérêts des industries de la fonte, du sucre, de la viande et du matériel de chemin de fer[37].

L'analyse d'Achison souligne en outre l'impact des tarifs douaniers sur l'économie québécoise. La politique tarifaire fédérale, prétend-il, est taillée sur mesure pour Montréal et son industrie, et permet à plusieurs petites fabriques d'étendre leur rayonnement et de se transformer en moyennes ou grandes entreprises. Les milieux d'affaires francophones tirent des avantages certains de cette nouvelle prospérité. Les industries du textile et de la chaussure nous en fournissent des exemples révélateurs.

À partir de 1880, le textile connaît une croissance sans précédent. Selon Jean Hamelin et Yves Roby, la valeur de la production a presque doublé entre 1881 et 1891 et sextuplé entre 1881 et 1901[38]. Après 1890, certains problèmes économiques mènent cependant à la faillite plusieurs fileries et incitent une poignée d'industriels à entreprendre un vaste processus de concentration industrielle. En 1893, trois entreprises seulement, soit la Montréal Cotton, la Dominion Cotton et la Canadian Colonel Cotton, contrôlent 90 % des investissements dans l'industrie cotonnière canadienne. Cette concentration est principalement le fait des grands marchands anglo-saxons de Montréal. Mais quelques francophones réussissent néeanmoins à y survivre. C'est notamment le cas de Victor Hudon, fondateur, en 1873, de la Dominion Cotton Mills d'Hochelaga. D'autres francophones, comme Félix Hamelin, cofondateur de la compagnie Ayers de Lachute, laisseront également leur marque dans ce secteur.

Le cas de l'industrie de la chaussure est également éloquent. D'une structure largement artisanale en 1825, l'industrie progresse lentement jusqu'en 1860 puis, sous l'impulsion des nouvelles technologies, la production explose littéralement. En 1861, la chaussure représentait 5,6 % du secteur manufacturier québécois. Cette proportion passe à 24,4 % en 1871[39]. La politique tarifaire soutient cette croissance et y assure la prospérité des entrepreneurs. Notons cependant que les premières manufactures de chaussures seront implantées par des capitalistes d'origine américaine. Mais la croissance rapide et le faible niveau des investissements requis pour se lancer en affaires, un savoir-faire issu d'une tradition qui remonte au Régime français et le soutien financier de certaines municipalités contribuent à en faire un secteur privilégié pour les industriels francophones. Certaines entreprises comme la Maison Lamontagne seront de véritables pépinières d'entreprises. Nos recherches nous ont permis de retracer plusieurs dizaines de firmes dont la fondation est redevable à des personnes formées dans la fabrication ou le commerce chez Lamontagne. De nombreux individus s'illustreront dans le secteur du cuir et de la chaussure, dont les Angers, Boivin, Rolland, Labelle, Lambert, Courval, Pelletier, Gibeau et Tétreault.

Sous l'impulsion de la politique tarifaire, plusieurs entrepreneurs sont en outre amenés à étendre leur zone d'activité sur le territoire, au détriment de la bourgeoisie des régions. Achison affirme qu'à partir de 1885, sauf à Québec et dans les centres éloignés de Montréal, la plupart des grosses entreprises manufacturières et des entreprises de services passent sous contrôle montréalais. Cette analyse est confirmée par diverses recherches régionales [40]. À la même époque, la bourgeoisie de la ville de Québec étend son rayonnement aux régions du Bas-Saint-Laurent et du Saguenay-Lac-Saint-Jean grâce à la mise en place d'un nouveau réseau ferroviaire [41]. Les affaires se développent non seulement dans les secteurs cités plus haut ou dans les créneaux traditionnels proches de l'agriculture comme les laiteries et les instruments aratoires, mais aussi dans les services et la construction. Louis Payette, qui deviendra un des entrepreneurs en construction les plus sollicités au tournant du siècle (responsable de la construction de la gare Viger, du Château Frontenac et de l'édifice de la banque d'Hochelaga notamment), assume la responsabilité de plusieurs chantiers industriels en région. Le financement et l'absence de marchés locaux demeurent les plus importants problèmes des entrepreneurs régionaux [42] et il devient difficile de concurrencer les promoteurs venus des villes. La naissance de la Compagnie de pulpe de Chicoutimi, fondée par J.E.A. Dubuc en 1897, pierre d'assise d'un empire florissant au XXe siècle, démontre que les régions ne sont pas pour autant totalement dépourvues de moyens ni d'entrepreneurs.

Sur le plan financier, l'heure est à la riposte des élites régionales laissées pour compte par les entrepreneurs des grands centres. Deux nouvelles banques sous contrôle francophone voient le jour: la Banque de Saint-Hyacinthe, fondée en 1873, et la Banque de Saint-Jean, fondée en 1874. Incarnant sans doute les limites du développement local, ces deux institutions seront confrontées à diverses difficultés au cours des années 1880-1900 et fermeront leurs portes en 1908.

À la prospérité succède, au début des années 1890, une période de récession. Plusieurs secteurs industriels sont touchés et doivent affronter faillites et prises de contrôle. Créées, pour un grand nombre, plusieurs années avant les entreprises francophones, les maisons anglaises disposent d'avantages qui leur permettent d'acquérir le contrôle de nombreuses sphères de l'économie. Il semble, à l'opposé, que les industriels francophones ne tireront bénéfice de la situation que dans les domaines économiques où ils étaient déjà en position de force avant 1870.

Dans une analyse fort éclairante des fabriques de transformation laitière, Rachel Caux affirme que les années 1890 constituent une période charnière pour de nombreuses entreprises. Le marché se sature et plusieurs consortiums formés au cours des décennies précédentes disparaissent. Les stratégies commerciales développées par les agriculteurs soucieux d'accroître leur part des redevances de leur travail ne seront pas étrangères au processus[43].

Les petites banques régionales ne sont pas les seules à faire face aux difficultés économiques de la fin du siècle. La prospérité générale des huit banques francophones est subitement remise en question. La plus ancienne, la Banque du peuple, ferme ses portes en 1895. Elle est suivie au tournant du siècle par les banques Ville-Marie et Jacques-Cartier, à la suite d'une crise de confiance qui affecte l'ensemble du secteur bancaire montréalais. Une réorganisation appuyée par le pouvoir politique provincial sauvera en partie la Banque Jacques-Cartier et mènera à la fondation de la Banque provinciale. Au nombre de huit en 1879, les banques francophones ne seront plus que trois en 1910.

TABLEAU 2.1

Les banques francophones 1835-1900

Banque	Siège social	Année de fondation	Année de fermeture
Banque du peuple	Montréal	1835	1895
Banque nationale	Québec	1860	1924
Banque Jacques-Cartier	Montréal	1862	1900
Banque Ville-Marie	Montréal	1872	1899
Banque Saint-Jean	Saint-Jean	1873	1908
Banque d'Hochelaga	Montréal	1874	1925
Banque de Saint-Hyacinthe	Saint-Hyacinthe	1874	1904

Source: Rudin, Ronald, *Banking en français: The French Banks of Quebec 1835-1925*, Toronto, University of Toronto Press, 1985, p. 5.

Les difficultés que traverse le secteur bancaire francophone ont également pour conséquence de mettre en péril la nature ethnique de son contrôle. La Banque Ville-Marie, par exemple, passera progressivement sous contrôle anglophone entre 1881 et 1895. En 1878, le conseil d'administration de la Banque Jacques-Cartier est entièrement composé d'Anglo-Saxons. Mais l'influence de ces derniers sera réduite après la reprise en main de l'institution par Alphonse Desjardins en 1879[44].

Nous n'insisterons d'ailleurs jamais assez sur le rôle tout à fait primordial du secteur financier régional pour les entrepreneurs francophones du Québec, tout au long de la seconde moitié du XIXe siècle et, de façon peut-être plus importante encore, après 1875. Sans le soutien des banques, tant comme outil de financement qu'à titre de lieu d'interaction au sein de la communauté d'affaires, très peu d'entreprises francophones seraient parvenues à résister aux pressions des milieux anglo-saxons, même dans les secteurs dominés par les francophones[45]. Sans l'appui du secteur financier, la petite bourgeoisie marchande et foncière n'aurait pas pu engendrer la moyenne bourgeoisie qui se développe au cours des années 1880-1890, et qui assume le leadership de l'ensemble de la communauté entrepreneuriale francophone. Parmi ces leaders, il faut mentionner les Hudon, Chaput, Quintal et Laporte dans le commerce ; Grothe et Forest dans le tabac ; Sénécal dans les chemins de fer ; Rolland et Dubuc dans les pâtes et papiers ; Barsalou, Viau, Bienvenu et Martineau dans l'industrie alimentaire ; Hudon dans le textile ; Desjardins, Beaubien, Forget, Cuvillier, Beaudry et Dessaules dans le secteur financier.

Cette classe d'entrepreneurs joue un rôle de tout premier plan au sein de la communauté d'affaires. C'est elle, par exemple, que nous retrouvons derrière les clubs Saint-Denis (1865) et Canadien (1874), qui seront (surtout le Club Canadien) pendant de nombreuses décennies les lieux de rencontre privilégiés de l'élite francophone. C'est également elle qui soutient la presse d'affaires francophone, dont *Le Moniteur du Commerce, Le Prix Courant* et *Le Bulletin de la Chambre de Commerce de Montréal*. C'est encore elle qui, déçue de l'attitude du Board of Trade de

Montréal à l'endroit des hommes d'affaires francophones, met sur pied la Chambre de commerce de Montréal.

Il ne faut cependant pas se méprendre. Certes, l'entrepreneuriat francophone est plus visible que jamais et ses porte-étendards hésitent de moins en moins à afficher leur richesse, mais cela ne signifie absolument pas qu'il en résulte un partage des valeurs avec les autres composantes de la société québécoise. Dans son analyse de la presse d'affaires francophone de Montréal, Fernande Roy montre que ces milieux d'affaires s'identifient plus volontiers à la bourgeoise anglophone, à ses valeurs et à ses projets qu'à leur propre communauté ethnique dont ils ont peine à comprendre le refus du progrès[46].

Dans ce sens, nous pensons que la dynamique économique qui prend forme au lendemain de la Confédération, même si elle contribue à creuser le fossé entre la bourgeoisie anglophone et la bourgeoisie francophone, amène néanmoins cette dernière à accroître sa cohésion interne, mais pas nécessairement pour autant son intégration au milieu social francophone. On en mesurera ultérieurement les conséquences.

Pour conclure ce chapitre, retenons que le développement entrepreneurial francophone du XIXe siècle se caractérise par trois aspects principaux.

Pensons d'abord à l'espace économique à l'intérieur duquel cette communauté d'affaires se développe. Comme le démontrent les tableaux 2.2 et 2.3, l'économie manufacturière du Québec vit une période de croissance marquée à partir de 1851 et les domaines où les entrepreneurs francophones s'enracinent ne sont aucunement marginaux. Mais le passage à l'industrie lourde ne se fait pas. Encore en 1901, alors que la structure manufacturière canadienne avait déjà pris le virage de l'industrie lourde, au Québec, les secteurs de l'alimentation, du bois, de la chaussure, du textile et du vêtement continuent de représenter près des deux tiers de la production manufacturière.

Notons ensuite la place qu'occupent les hommes d'affaires au sein de la communauté bourgeoise en activité sur le territoire du Québec. Nous ne disposons malheureusement que de peu de données pour étayer notre propos, mais il apparaît évident que la position de la classe d'affaires dont il est ici question, sans être stratégique, demeure très significative, ce que confirme la présence de plusieurs hommes d'affaires francophones dans le peloton des entrepreneurs du Québec les plus prospères.

TABLEAU 2.2

Évolution de la production dans l'industrie manufacturière, Québec, 1851-1901 (en milliers de dollars courants)

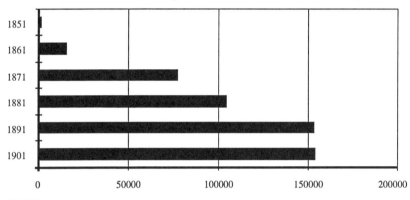

Source: À partir de Hamelin, J. et Roby, Y. *Histoire économique du Québec 1857-1876*, Montréal, Fides, 1971.

TABLEAU 2.3

Part qu'occupent les produits alimentaires, les articles en cuir, le textile, le vêtement et les produits du bois dans la production manufacturière québécoise (en pourcentage)

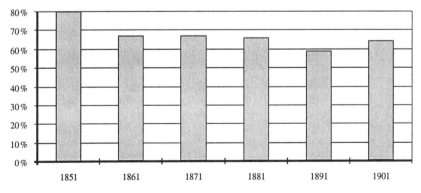

Source: À partir de Hamelin, J. et Roby, Y. *Histoire économique du Québec 1857-1876*, Montréal, Fides, 1971.

Enfin, il faut souligner ce que nous appellerons le fossé culturel entre, d'un côté, une classe d'entrepreneurs urbaine, libérale et anglophile et, de l'autre, la plus grande partie de la population québécoise enracinée dans un milieu tout à fait différent marqué par son caractère agricole encore dominant. Certes, il existe des zones de rapprochement entre les affaires et le peuple, mais la véritable communion demeure difficile. Dépourvue du soutien populaire, élément hautement stratégique pour une communauté d'affaires, la bourgeoisie francophone voit sa position se fragiliser, comme le démontre notamment l'échec des banques qui ne pouvaient prospérer sans acquérir au départ un minimum de confiance de la part de la collectivité francophone.

▶ NOTES

1. Norman-W. Taylor, «L'industriel canadien-français et son milieu», *Recherches sociographiques*, vol. 2, n° 2, 1961, pp. 123-160.
2. E. C. Hughes, *Rencontre de deux mondes, la crise d'industrialisation du Canada français*, Montréal, Éditions Lucien Parizeau, 1972.
3. Pierre Harvey, «Pourquoi le Québec et les Canadiens français occupent-ils une place inférieure sur le plan économique?», dans René Durocher et Paul-André Linteau, *Le retard économique du Québec et l'infériorité économique des Canadiens français*, Montréal, Boréal Express, 1971.
4. Fernand Ouellet, *Histoire économique et sociale du Québec 1760-1850*, Montréal, Fides, 1971.
5. *Idem*, p. 506.
6. Gérald Bernier, «Sur quelques effets de la rupture structurelle engendrée par la Conquête au Québec», *Revue d'histoire de l'Amérique française*, juin 1981.
7. Joseph-N. Fauteux, *Essai sur l'industrie au Canada sous le régime français*, Québec, Imprimeur du Roi, 1927.
8. St-Pierre estime à 76 275 habitants la population canadienne en 1766. Voir T. St-Pierre, *Histoire du commerce canadien-français (1535-1893)*, Montréal, Éditions Élizées, 1975.
9. Cameron Nish, *Les Bourgeois-Gentilshommes de la Nouvelle-France, 1729-1748*, Montréal, Fides, 1968.
10. Cité dans Gilles Bourque et Anne Légaré, *Le Québec. La question nationale*, Paris, Maspero, 1979.
11. Gérald Bernier, *op. cit.*
12. *Idem.*
13. Lire Claude Couture, «La conquête de 1760 et le problème de transition au capitalisme», *Revue d'histoire de l'Amérique française*, hiver 1996.
14. Maurice Saint-Germain, *Une économie à libérer: Le Québec analysé dans ses structures économiques*, Montréal, Presses de l'Université de Montréal, 1973.
15. Jacques Fortin, *Québec: Le défi économique*, Montréal, Presses de l'Université du Québec, 1990.
16. Gilles Paquet et Jean-Pierre Wallot, «Sur quelques discontinuités dans l'expérience socio-économique du Québec: une hypothèse», *Revue d'histoire de l'Amérique française*, n° 35, 4 mars 1982, p. 484.
17. Marcel Rioux, *La Question du Québec*, Paris, Seghers, 1967, p. 104.
18. Fernand Ouellet, *op. cit.*
19. Paul-André Linteau, *Maisonneuve, Comment des promoteurs fabriquent une ville 1883-1918*, Montréal, Boréal Express, 1981.
20. Voir notamment M. Patry, «Évolution historique du système politique canadien», dans Louis Sabourin, *Le système politique du Canada, Institutions fédérales et québécoises*, Ottawa, Éditions de l'Université d'Ottawa, 1970.
21. Paul-André Linteau, *L'économie de Montréal, essai d'interprétation historique*, Montréal, Ville de Montréal, 1989.
22. Albert Faucher, *Québec en Amérique au XIXᵉ siècle: essai sur les caractères économiques de la Laurentie*, Montréal, Fides, 1973.
23. Fernand Ouellet, «Structure des occupations et ethnicité dans les villes de Québec et de Montréal (1819-1844)», dans *Éléments d'histoire sociale du Bas-Canada*, Montréal, HMH, 1972.
    Jean-Paul Bernard, Paul-André Linteau et Jean-Claude Robert, «La structure professionnelle de Montréal en 1825», *Revue d'histoire de l'Amérique française*, vol. 30, n° 3, décembre 1976.
24. Normand Séguin, *La conquête du sol au XIXᵉ siècle*, Québec, Boréal Express, 1977.
25. Thomas-W. Acheson, *The Social Origins of Canadian Industrialism: A Study in the Structure of Entrepreneurship*, (Thèse), Toronto, University of Toronto, 1971.

26. Jacques Léveillé, *Développement urbain et politiques gouvernementales urbaines dans l'agglomération montréalaise 1945-1975*, n° 1, coll. «Études en science politique», Montréal, Société canadienne de science politique, 1978.
27. Claude Bellavance, «Patronat et entreprise au XXᵉ siècle: l'exemple mauricien», *Revue d'histoire de l'Amérique française*, vol. 38, n° 2, avril 1984.
28. Gérald Tulchinsky, «Une entreprise maritime canadienne-française, la compagnie du Richelieu 1845-1854», *Revue d'histoire de l'Amérique française*, vol. 26, n° 4, mars 1973.
29. Robert Sweeny, *Guide pour l'étude d'entreprises montréalaises et de leurs archives avant 1947*, Montréal, Centre de recherche en histoire économique du Canada français, 1979.
30. Ronald Rudin, *Banking en francais: the French Banks of Quebec 1835-1925*, Toronto, University of Toronto Press, 1985.
31. N. Vallerand, «Agriculturisme, industrialisation et triste destin de la bourgeoisie canadienne-française (1760-1920): quelques éléments de réflexion», dans Robert Comeau, *L'économie québécoise*, Montréal, Presses de l'Université du Québec, 1969, p. 330.
32. Gilles Bourque et Anne Legaré, *Le Québec. La question nationale*, Paris, Maspero, 1980.
33. Stanley B. Ryerson, *Le capitalisme et la confédération: deux sources de conflit Canada-Québec (1760-1873)*, Montréal, Parti Pris, 1972.
34. Alfred Dubuc, «Une interprétation économique de la constitution», *Socialisme 66*, n° 7, janvier 1966.
35. René Durocher, Paul-André Linteau et Jean-Claude Robert, *Histoire du Québec contemporain*, Montréal, Boréal Express, 1979, pp. 84 et suivantes.
36. Jean-X. Rivard, *La politique nationale et le développement industriel du Québec, 1870-1910*, (thèse), Montréal, Université de Montréal, 1960.
37. Thomas-W. Acheson, *op. cit.*
38. Jean Hamelin et Yves Roby, *Histoire économique du Québec 1851-1896*, Montréal, Fides, 1971.
39. Joanne Burgess, «L'industrie de la chaussure à Montréal: 1840-1870. Le passage de l'artisanat à la fabrique», *Revue d'histoire de l'Amérique française*, vol. 31, n° 2, septembre 1977.
40. Voir notamment Claude Bellavance, *op. cit.*
41. Paul-André Linteau, «Quelques réflexions autour de la bourgeoisie québécoise 1850-1914», *Revue d'histoire de l'Amérique française*, vol. 30, n° 1, juin 1976. Normand Séguin, *Notre-Dame d'Hébertville 1850-1900, une paroisse de colonisation au XIXᵉ siècle*, (thèse), Ottawa, Université d'Ottawa, 1976.
42. R. Hardy et al., *L'industrie rurale dans le comté de Champlain au 19ᵉ siècle*, Colloque franco-québécois sur les relations villes-campagnes, septembre 1985.
43. Rachelle Caux, *L'État, les patrons, les propriétaires et les marchands: l'évolution des fabriques de transformation laitière au Québec, 1870-1914*, (thèse), Montréal, UQAM, 1994.
44. Les données de Linteau, Durocher et Robert, *op. cit.*, permettent d'évaluer, bien que très sommairement, le poids des institutions bancaires vers la fin du siècle. En 1896, les six banques francophones cumulaient quelque 17,5 millions de dollars d'actif, soit 5 millions de dollars de plus que la Bank of British North America, 3 millions de dollars de plus que la Molson Bank, mais 7 millions de dollars de moins que la Merchants Bank of Canada et 41 millions de dollars de moins que la puissante Banque de Montréal.
45. Dont le commerce et la chaussure, voir Gaëtan Gervais, «Le commerce de détail au Canada (1870-1880)», *Revue d'histoire de l'Amérique française*, vol. 33, n° 4, 1979.
46. Fernande Roy, *Progrès, harmonie, liberté, le libéralisme des milieux d'affaires francophones à Montréal au tournant du siècle*, Montréal, Boréal, 1988.

CHAPITRE 3

Le défi lancé par l'arrivée de la grande entreprise anglophone: 1900-1938

La fin du XIXe siècle annonçait des temps plus difficiles pour les entrepreneurs. Malgré la période de croissance qui se confirme en ce début du XXe siècle, l'entrepreneuriat francophone est amené à constater avec dépit qu'il ne possède peut-être pas tous les outils requis pour affronter les défis qui lui sont maintenant lancés. Les effets conjugués de l'internationalisation, de la concentration industrielle et de la crise de 1929 font ressortir sa vulnérabilité. Les limites du modèle de développement forgé dans le creuset de l'économie du XIXe siècle, c'est-à-dire celui d'une entreprise familiale mal soutenue au plan financier et centrée sur le marché des biens de consommation, deviennent de plus en plus évidentes. Dans plusieurs secteurs, on observe des reculs importants.

▶ Le contexte change

Ce n'est véritablement qu'au tournant du siècle que l'on assiste au développement des premières grandes entreprises au plan international. L'introduction de la société anonyme (par actions) et la croissance des marchés boursiers (la Bourse de Montréal existe depuis 1874) facilitent la concentration et favorisent l'apparition d'un nouveau type d'organisation entrepreneuriale dont les desseins franchissent les frontières nationales. Le processus est mondial et marque également le passage au phénomène de l'internationalisation et de la firme multinationale[1].

Le Canada et le Québec n'échappent pas au processus. Linteau, Durocher et Robert, tout comme Naylor, proposent une excellente analyse du processus de concentration qui permet, par exemple, à des firmes de la trempe de Montreal Light, Heat and Power, de Dominion Textile, de Canada Cement, de Stelco ou de la Banque Royale, de se constituer[2]. Il importe de souligner que ce processus s'accompagne de l'élargissement des marchés pour les grandes entreprises en formation, qui troquent progressivement leur ancrage local et régional contre de nouveaux théâtres plus vastes[3].

Cette concentration est d'abord et avant tout le fait des entreprises anglophones. Les travaux de Gilles Piédalue ont démontré que plusieurs groupes financiers développent des ramifications pancanadiennes[4] qui vont créer de toutes pièces l'économie de Toronto et jeter les bases de ce qu'il convient sans doute d'appeler, à la suite de Niosi, la bourgeoisie canadienne[5]. Au Québec, le nationalisme économique n'est pas au goût du jour en cette époque où les chutes d'eau sont vendues aux enchères.

Dans la même foulée, le XXe siècle voit aussi naître l'internationalisation. En 1914, les États-Unis comptent à eux seuls plus de 100 multinationales. L'Angleterre en possède 60 et les autres nations européennes 167. De 2,7 milliards de dollars en 1914, l'investissement américain à l'étranger, pour ne citer que celui-là, passe à 8,4 milliards de dollars en 1945. En 1935, il représente 10,8 % du produit national brut des États-Unis [6]. Rocher affirme que ce déplacement dans les investissements aura pour conséquence d'avantager l'économie ontarienne [7]. On comprendra sans trop d'efforts que la croissance des flux commerciaux sur la scène internationale, provoquée par la Première Guerre mondiale, n'est pas étrangère au phénomène que nous décrivons ici.

Au Canada, le rayonnement de ces nouveaux empires économiques est considérable. Il faut d'abord souligner que le pays accueille une masse gigantesque d'investissements. Entre 1900 et 1913, le capital étranger passe de 31,7 millions à 546,7 millions de dollars. L'origine des investissements change également. En 1900, les fonds britanniques étaient à la source de 85 % du total des investissements non canadiens. Trente ans plus tard, la balle passe dans le camp des États-Unis auxquels on doit 61 % des investissements étrangers.

TABLEAU 3.1

Évolution du capital étranger au Canada, (en millions de dollars)

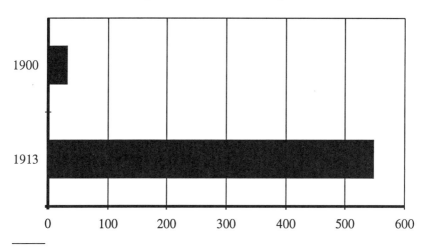

Source : Statistique Canada.

Le renforcement des échanges nord-sud qui résulte de l'arrivée des filiales américaines influe sur la division du travail entre les provinces canadiennes. Tandis que l'Ontario aura tendance à se spécialiser dans l'industrie lourde, le Québec connaîtra une croissance alimentée surtout par l'industrie légère. Or c'est l'industrie lourde qui draine les capitaux et développe les emplois qualifiés. L'engagement de l'économie québécoise dans la production de biens de consommation, qui a fait sa force au XIXᵉ siècle, devient progressivement sa principale faiblesse et la cause première de sa déqualification au sein de l'ensemble économique canadien. Il reste, comme l'illustre le tableau 3.3, que l'économie québécoise se diversifie et que la part des activités manufacturières dans les secteurs qui avaient été le fer de lance du développement au XIXᵉ siècle s'en trouve réduite.

TABLEAU **3.2**

Répartition des investissements étrangers selon l'origine (en pourcentage)

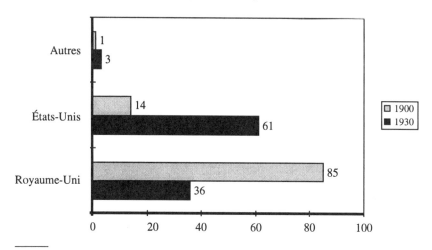

Source: Statistique Canada.

TABLEAU **3.3**

Répartition de la valeur de production entre certaines industries, Québec, 1900-1929 (en pourcentage)

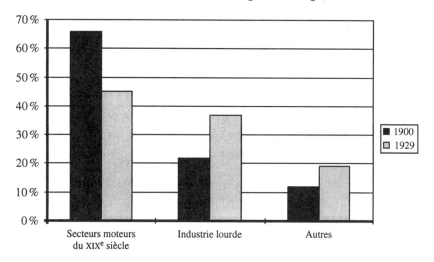

Source: Statistique Canada.

Le Québec est néanmoins terre de croissance sur le plan économique. Entre 1901 et 1929, la production brute des manufactures passe de 96 à 403 dollars per capita. Au cours des années 1910 et 1920, la croissance atteint un rythme effréné [8]. Les politiciens québécois perçoivent le capital américain comme la locomotive qui devrait permettre d'assurer un développement économique intarissable et moderne [9], alimenté principalement par l'industrie hydroélectrique, la production minière et les pâtes et papiers [10]. C'est d'ailleurs précisément autour de ces domaines que s'accentue le rayonnement du capitalisme industriel en région.

TABLEAU **3.4**

Taux de croissance annuel moyen de la production manufacturière au Québec (en pourcentage)

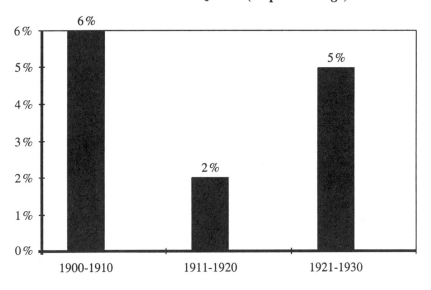

Source : Statistique Canada.

L'Église, qui continue d'avoir un ascendant idéologique incontesté, amorce une certaine remise en question de son point de vue sur le capitalisme. Dans une étude sur les attitudes de l'Église en matière d'économie, William F. Ryan met en lumière son questionnement sur le développement industriel [11]. Dans la mesure où l'activité économique suscitée par le capitalisme en général et le capital étranger en particulier assure des emplois, elle est tolérée. Demeurant néanmoins souvent hostile aux valeurs protestantes des patrons anglo-canadiens ou américains, on préfère les employeurs francophones. Une grande partie de la population est plongée dans la pauvreté, mais cela est beaucoup plus perçu comme un problème de charité que comme un problème de développement économique [12] inhérent à ce capitalisme qui s'ancre de plus en plus solidement dans la société québécoise.

TABLEAU 3.5

**Évolution de la production industrielle per capita,
Québec (en dollars)**

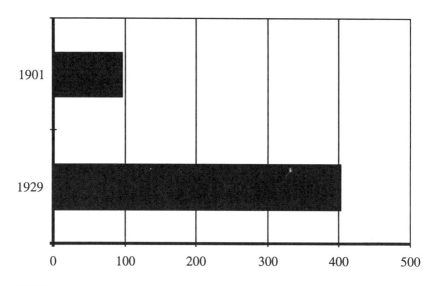

Source : Statistique Canada.

Dans ce contexte, les entreprises francophones vont faire face à deux dynamiques aux effets totalement contraires et qui perdureront après la Seconde Guerre mondiale. Premièrement, la progression des marchés et le rayonnement croissant du système capitaliste comme mode de production des biens permettent à la classe entrepreneuriale francophone de se multiplier et de se donner des leaders. Deuxièmement, l'élargissement des marchés, la naissance de la bourgeoisie canadienne et la progression du capital étranger entraînent une diminution du poids relatif de cette communauté d'affaires francophone sur l'économie québécoise. Analysons ces deux phénomènes de plus près.

► **L'entrepreneuriat québécois en progression...**

C'est sans doute dans le domaine agro-alimentaire que les entrepreneurs francophones se distinguent le plus. Un peu partout, les petites laiteries et les industries de transformation de produits alimentaires se multiplient. Plusieurs noms se distinguent, dont ceux de J.J. Joubert, de La Ferme Saint-Laurent, de A. Poupart, de la Laiterie Leclerc, de la Laiterie Laval, de Grenache inc. et de B. Trudel et cie. Dans d'autres sphères de l'agro-alimentaire, on trouve J.A. Vachon et fils (pâtisserie), la Cie S.L. Contant (salaison), Kerkhulu et Odiau ltée (pâtisserie) et Durivage inc. (boulangerie). Certaines entreprises percent également dans la fabrication d'équipements destinés soit à l'agriculture, comme la Machinerie agricole de Montmagny, soit au traitement des produits de la ferme, comme la Compagnie Charles A. Paquet qui se spécialise dans les équipements pour fromageries et beurreries.

Mais les grands noms de l'époque dans cette branche restent rattachés à la bière, au tabac, aux pâtes alimentaires et aux biscuits. Dans le domaine de la bière, la Brasserie Frontenac symbolise le succès industriel québécois. Fondée en 1911 par Joseph Beaubien, elle exporte une part importante de sa production. Certains de ses administrateurs, dont Joseph Versailles, deviendront d'actifs promoteurs de la prise en main de l'économie du Québec par les francophones. Dans le domaine du tabac, L.O. Grothé, fondée en 1882, connaît un essor enviable. En 1925 la firme cumule un chiffre d'affaires de plusieurs millions de dollars, possède trois usines et emploie quelque 860 travailleurs. Notons au passage qu'une autre société perce également dans ce secteur, soit Forest et frères, entreprise à laquelle est liée la famille De Serres[13].

C'est toutefois dans le domaine des pâtes alimentaires que nous trouvons un des plus grands symboles de la «réussite» francophone. Il a pour nom Catelli ltée. En 1904, le financier Trancrède Bienvenu s'intéresse à cette fabrique fondée par un immigrant italien, C.H. Catelli, et acquiert une partie de ses actions. Catelli se retirant, la famille Bienvenu prend l'entier contrôle de la fabrique. C'est le véritable coup d'envoi d'un petit conglomérat qui se portera acquéreur des huit principales fabriques de pâtes du Canada. Sa progression ne s'arrêtera pas là et l'entreprise deviendra, grâce aux possibilités d'exportation créées par la guerre, le principal fournisseur de pâtes de l'Angleterre.

L'industrie du biscuit va elle aussi faire émerger d'importants entrepreneurs, avec la naissance notamment des biscuits Viau, entreprise détenue par Joseph Versailles, et celle des biscuits Aetna, propriété de Raphaël Dufresne.

La reprise en main par l'État du commerce de l'alcool, en 1921, entraîne une crise dans le commerce de gros [14] et force diversifications et regroupements : Laporte et Martin se lance dans la fabrication industrielle et le commerce, deux de ses concurrents, Hudon-Hébert (à l'origine E.V. Hudon) et L. Chaput et fils, fusionnent, tout comme Hudon et Orsali, Courchesne-Larose et Couvrette-Sauriol. C'est également de cette époque que datent les efforts pour regrouper les petits épiciers. S'inspirant de la formule coopérative, le groupe Frontenac réunira pas moins de 800 affiliés[15].

Dans l'industrie de la chaussure, la prospérité du XIXe siècle a permis l'ouverture d'une multitude de petites fabriques. En 1921, on dénombre 98 firmes au Québec (contre 66 en Ontario) dont la valeur totale de production est de 26,3 millions de dollars[16]. Quelques entreprises francophones importantes figurent dans le peloton de tête de cette industrie aux côtés d'une poignée de grandes firmes anglo-canadiennes. Parmi celles-ci, notons La Parisienne Shoe, Tétrault Shoe, Corbeil ltée et Alfred Lambert. Cette dernière accueille en 1922 un jeune loup de la finance, René T. Leclerc, qui amorcera en 1936 une vaste opération de concentration de l'industrie de la chaussure dont Alfred Lambert sera la pierre d'assise [17]. Joseph Daoust mettra également en place un groupe qui demeurera en activité pendant de nombreuses décennies. Ce dernier entrepreneur innovera en amenant ses employés à devenir partenaires dans la gestion et la propriété de l'entreprise, formule qui sera redécouverte un demi-siècle plus tard par les entrepreneurs des années 1970.

Dans le domaine du textile, un secteur dominé à 60 % par les entreprises du Québec, le journal *Le Devoir* évalue, en 1923, la part des francophones à 15 %[18]. Quelques hommes d'affaires y font leur marque. C'est le cas de C. G. Tonnancourt, industriel qui participe à la fondation de la Regent Knitting, de Acme Glove Works et de Sultana Manufacturing. En 1926, la Regent Knitting emploie 600 travailleurs et totalise un chiffre d'affaires de 1,8 million de dollars. C'est aussi le cas de L.J. Amyot chez Dominion Corset, dont on verra des succursales partout au Canada ainsi qu'en Europe, en Australie et en Nouvelle-Zélande. Le fils du fondateur de l'entreprise se retrouvera à la tête de la plus grande fabrique de corsets de l'Empire britannique, à la vice-présidence du Trust Général du Canada et à la direction de la Banque d'économie de Québec, de la Banque canadienne nationale, de Bell Canada et de la Shawinigan Water and Power[19].

Les trente premières années du siècle voient se raviver un autre champ de prédilection pour le capital québécois : le développement régional. L'exploitation des richesses naturelles, le développement du transport ferroviaire et la colonisation provoquent un déploiement économique nouveau en région [20]. Plusieurs francophones, dont J.E.A. Dubuc, J.D. Guay, F.X. Gosselin (Cie de pulpe de Chicoutimi, Cie de pulpe et pouvoir d'eau du Saguenay, etc.), Charles Donohue, Rodolphe Forget (East Canada Power and Pulp puis Donohue Brothers), J.A. Brillant (Cie de pouvoir du Bas-Saint-Laurent, Cie de téléphone et de pouvoir de Québec) et D. Ovide L'Espérance (Compagnie Amable Bélanger de Montmagny), seront, chacun dans leur milieu, de grands animateurs de l'industrialisation régionale.

L'espace régional constitue aussi un terreau favorable à la croissance des petites entreprises de transport et des entrepreneurs en construction. D. Lamothe à Noranda, Tremblay Express au Saguenay et Hamel Transport à Saint-Félicien, fondées respectivement en 1932, 1919 et 1924, doivent leur existence aux sous-contrats que saupoudrent les grandes entreprises engagées dans l'exploitation des ressources naturelles.

Enfin, comment ne pas mentionner l'influence économique des institutions religieuses dont les retombées profitent à nombre d'entrepreneurs francophones, comme le facteur d'orgues Casavant Frères, la fabrique de chapelets Paul Lemaître, le concepteur et commerçant d'accessoires liturgiques Desmarais et Robitaille et, l'entreprise qui restera la plus célèbre de toutes, Dupuis Frères, dont un des rayons est réservé aux vêtements de religieux. Un peu de recherche permet de constater qu'un nombre appréciable d'entrepreneurs francophones est lié à l'Église et à ses appareils. Ajoutons que sans les bons mots et, surtout, les dépôts des fabriques et des associations para-religieuses de tout acabit, la Banque Provinciale aurait été privée d'un part significative de ses actifs[21].

Parlant de banques, il faut cependant dire que le « problème » financier des francophones perdure. Les institutions bancaires sous contrôle francophone ne sont pas adaptées à la dynamique du XXᵉ siècle. Peu nombreuses, disposant d'actifs limités, elles ne parviennent pas à répondre adéquatement aux besoins des entrepreneurs, à plus forte raison à en susciter la multiplication.

Après deux décennies de consolidation qui les mèneront à posséder à peine 200 millions de dollars en 1921, les trois banques encore actives en ce début du XXᵉ siècle (Provinciale, Nationale et Hochelaga) sont à nouveau ébranlées au début des années 1920. Il faudra une intervention gouvernementale et la fusion forcée avec la Banque d'Hochelaga pour sauver la Banque nationale. La nouvelle banque issue de ce regroupement, la Banque canadienne nationale (BCN), même en devenant la plus importante institution financière francophone, demeure une naine à côté de ses compétitrices anglo-saxonnes. Ses actifs ne sont que de 130 millions de dollars en 1924, à peine plus qu'un caillou dans l'immense carrière financière qu'est devenu le Canada.

TABLEAU **3.6**

Les actifs bancaires de certaines institutions dirigées à partir du Québec en 1929 (en millions de dollars)

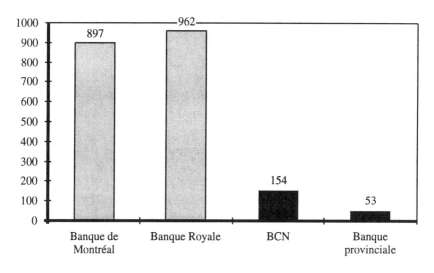

Source : *Rapports annuels.*

Quelques compagnies d'assurances, comme la Sauvegarde[22], la Provinciale-vie ou l'Industrielle, compagnie d'assurance-vie, réussissent tant bien que mal à se tailler une petite place dans un secteur fortement contrôlé par les firmes anglo-canadiennes. Mais leur poids est minime (à peine 2 % du marché). Quelques fiducies viendront modestement gonfler les rangs des milieux financiers francophones, mais leur influence sur le développement économique se révèle marginale. Parmi les fiducies francophones les plus en vue en ce début de siècle, mentionnons la Société nationale de fiducie, la Corporation prêt et revenu et le Trust général du Canada.

La progression est plus marquée dans le courtage des valeurs mobilières où évoluent notamment les firmes L.G. Beaubien,

Forget et Forget, La Société de Placement ltée, Versailles-Vidricaire et Boulais ainsi que Léopold A. Renaud. Forget et Forget et L.G. Beaubien tentent de quadriller le marché du Québec et ouvrent des succursales dans plusieurs petites villes et même quelques filiales à l'étranger ; leurs opérations ne touchent toutefois que des titres d'entreprises anglophones et étrangères. L.G. Beaubien, à la suite d'une association avec le Crédit Lyonnais de France, deviendra un acteur de poids après avoir pris le contrôle du Crédit foncier franco-canadien, de l'Union européenne industrielle et financière (du groupe Schneider), de la Société du Canal de Suez et de la Société Air liquide. Mais cette entreprise, lointain ancêtre de Lévesque Beaubien Geoffrion est l'exception. Versailles-Vidricaire et Boulais [23], dont les transactions ont essentiellement pour objet les valeurs des commissions scolaires, des obligations des congrégations religieuses, des fabriques et des hôpitaux [24], illustre mieux la nature du marché de la majorité des firmes de courtage.

Le milieu des affaires francophone semble donc apparemment avoir bien traversé le seuil du XXe siècle, comme en témoigne non seulement l'apparition de bourgeois influents (comme Forget, Desjardins, Laporte, Dufresne, Versailles, Dandurand, Lacroix et d'autres), mais également le transfert du contrôle de plusieurs entreprises à la nouvelle génération. Ce transfert intergénérationnel n'est sans doute pas généralisé, mais il permet dans plusieurs cas à des entreprises fondées au XIXe siècle de continuer de prospérer sous propriété francophone. En guise d'exemple, mentionnons Albert Hudon qui succède à son père à la tête de Hudon et Orsali, Henri Rolland qui fait de même à l'usine de papier familiale, Hector Barsalou qui prend la relève paternelle à la tête de l'usine de savon, Olivier N. Grothé qui le fait dans la fabrique de cigares familiale et les fils Dupuis, dans le commerce fondé par le père dont ils modifient la mission en créant le vaste magasin à rayons mentionné plus haut. En consacrant plus de la moitié de ses pages aux industriels et aux financiers, la première publication de *Biographies canadiennes-françaises* vient confirmer qu'en 1920 la classe d'affaires francophone occupe un espace de plus en plus important au sein de l'élite québécoise.

▶ **... dans un environnement qui le marginalise**

Nous avons également suggéré que le développement industriel, les investissements étrangers et la concentration qui particularisent ce début de siècle entraînent l'affaiblissement du poids économique relatif des francophones. Gilles Gallichan, dans son étude sur l'évolution de l'hydroélectricité [25], et Claude Bellavance [26], dans son analyse du processus de mise en valeur de la vallée du Saint-Maurice, montrent que le développement est en effet de plus en plus extraverti, le fait « des autres ». En fait, il est plus que jamais l'affaire d'un grand capital sous contrôle anglophone et étranger encouragé par les lois permissives du gouvernement québécois.

Peu de données objectives, à l'exception de celles que nous avons présentées en début de chapitre, permettent d'étoffer notre propos. On compilera bien quelques statistiques intéressantes dans les données de recensement que nous présentons plus loin, mais seulement à partir de 1931. L'absence de base de comparaison avec les décennies antérieures fait en sorte qu'elles ne peuvent véritablement nous éclairer.

Une chose apparaît toutefois de plus en plus évidente : le modèle ethnocentrique qui cherchait au XIXᵉ siècle à plus ou moins composer avec les valeurs chrétiennes et traditionnelles est devenu un boulet [27]. L'entreprise familiale et régionale ne répond plus à la réalité d'un développement dont les ramifications dépassent largement l'espace économique québécois. Le savoir-faire québécois a aussi ses limites. Lorsque l'agriculteur Joseph Fecteau découvre un premier rocher d'amiante en 1876 sur ses terres (où va naître Thetford Mines), il envoie l'échantillon à Québec pour analyse. « Aucune valeur », lui répondra-t-on. Les Américains réagiront d'une manière fort différente [28].

Le grand capital exploite les ressources des régions, mais les affaires se brassent à Montréal quand ce n'est pas à New York ou à Chicago. Montréal devient néanmoins le siège de l'activité industrielle et le principal centre de services aux entreprises. La ville s'affirme comme centre financier et pivot du réseau de transport fluvial et ferroviaire qui quadrille le nord-est de l'Amérique[29]. Or, même s'il y progresse avec une vitalité parfois surprenante, l'entrepreneuriat francophone a de la difficulté à s'imposer dans l'espace économique montréalais. Tout se passe en vase clos. Les grandes affaires sont brassées rue Saint-Jacques par des anglophones anxieux du devenir des *nouveaux marchés*. L'univers économique francophone prend quant à lui racine dans les quartiers populaires de l'est de la ville et dans les banlieues de Maisonneuve et de Viauville. Soit dit en passant, c'est à la fabrique de mélasse Lallemand et à ses filiales que l'actuel quartier centre-sud doit son surnom de « faubourg à la mélasse », sirop qui fera le quotidien de beaucoup de familles ouvrières de l'époque.

Les Dufresne, Desjardins, Versailles et autres entrepreneurs influents au sein de la communauté francophone de l'époque seront les grands artisans de la mise en valeur des territoires de l'est de l'Île de Montréal, ce qui n'interdit en rien les rêves de grandeur. Les frères Dufresne tenteront par exemple de faire naître près de l'actuel site du Stade olympique une ville, Maisonneuve, moderne et riche, que l'on aurait bien voulu opposer au Westmount de la bourgeoisie anglophone. Mais le rêve endettera la municipalité, vouée à une autre destinée[30]. L'emprise du grand capital anglo-saxon sur Montréal et le divorce qui en résulte avec les nouvelles élites de la communauté francophone auront un effet néfaste sur le développement de la ville, précise Linteau, ce qui contribuera sans doute à son déclin ultérieur. L'incapacité des milieux d'affaires francophones à s'imposer dans l'environnement montréalais deviendra une des sources d'alimentation d'un conflit ethnique qui perdure encore aujourd'hui.

Coincées dans un espace économique et culturel qui fait obstacle à la création de grandes entreprises, les firmes francophones deviennent conséquemment des cibles toutes désignées pour les investisseurs venus d'ailleurs. Plusieurs fleurons de la communauté économique francophone seront ainsi entraînés dans le tourbillon des prises de contrôle qui secoue les années 1920. La Dominion Glass, la Savonnerie Barsalou, toutes deux fondées par Joseph Barsalou, et la compagnie Ciment national de

Joseph Versailles passent, pour les deux premières, aux mains de firmes multinationales américaines et, pour la dernière, sous le contrôle de la Canada Cement. La Dominion Cotton Mills se joint au groupe Dominion Textile dont le leadership sera assumé par des anglophones. La Machinerie agricole de Montmagny, dont les produits faisaient la fierté de la région du Bas-Saint-Laurent, est acculée à la faillite, incapable de faire face à la concurrence de sociétés canadiennes et étrangères beaucoup plus évoluées sur le plan technologique.

La petite histoire de Jules A. Brillant et de son empire rimouskois est très révélatrice des problèmes auxquels sont confrontés les industriels francophones. Pierre d'assise de son petit empire, la Compagnie de pouvoir du Bas-Saint-Laurent cherche en effet, en 1923, à financer sa croissance et à consolider ses acquisitions récentes (la Cie électrique d'Amqui, la Cie Saint-Ulric de Rivière-Blanche et le Crédit municipal canadien), mais seule une part infime de son émission est acquise par des souscripteurs québécois. Brillant doit dès lors se tourner vers le capital étranger pour assurer l'influx financier nécessaire à sa compagnie. C'est la maison Battles and Co. de Philadelphie qui se portera acquéreur des titres. Ce n'est qu'en 1932, soit neuf ans plus tard, que Brillant reprendra le contrôle de sa société[31].

Au cours des années 1920, les entreprises québécoises les plus en vue et souvent les plus prometteuses sont l'objet d'une convoitise ravageuse. En quelques années seulement, le capital francophone voit disparaître plusieurs de ses figures de proue. Pourquoi n'y a-t-il pas eu de résistance plus systématique et plus organisée? Question complexe !

Rappelons d'abord que la mentalité dominante est celle du « laisser-faire », du « *self-made-man* », de la liberté quasi absolue des entreprises. L'industrie est encore aux mains des chevaliers d'industrie. La grande presse étale le succès d'hommes pauvres auxquels la richesse a souri grâce à leur esprit d'entreprise. L'univers des affaires est une jungle où, croit-on, le pouvoir est réservé aux plus rusés, aux plus forts. Pour un grand nombre de ceux qui sont parvenus à une certaine aisance, le faste qu'étale sans pudeur la riche bourgeoisie anglophone a un effet d'attraction sur lequel la rigueur morale de l'Église et «l'appel de la race» ont de moins en moins d'influence. Lorsqu'elle se traduit par la richesse immédiate, la décision de vendre apparaît facile. La plupart des entrepreneurs qui optent pour la vente ont acquis la conviction qu'une prospérité favorable à leurs compagnies va accompagner l'arrivée d'investisseurs étrangers. Et quel prestige pour ces petits gestionnaires francophones de se voir invités à siéger aux conseils d'administration de grandes multinationales.

Par ailleurs, le courant nationaliste, dont les manifestations se font plus nombreuses au cours des années 1920, fait bien une certaine promotion de l'entrepreneuriat francophone, mais dans une perspective purement défensive de résistance à l'invasion capitaliste étrangère. On fait d'abord et avant tout la lutte aux monopoles.

«Sur le plan économique, le danger que représente le capital canadien-anglais et étranger est tout aussi sérieux, peut-être davantage. Les institutions bancaires anglo-saxonnes, mieux établies, plus puissantes, accaparent l'épargne populaire canadienne-française, la canalisent vers les grands centres, alimentent les grandes entreprises anglophones et, par le fait même, empêchent les institutions canadiennes-françaises de se développer normalement[32].»

L'appel de certains hommes d'affaires en faveur des regroupements d'entreprises n'aura en conséquence qu'un auditoire très limité et une influence réduite[33]. L'effet global du discours nationaliste des années 1920 sera de ralentir la concentration au sein du groupe francophone au moment précis où celui-ci aurait dû se transformer radicalement pour mieux affronter les grandes entreprises anglo-saxonnes.

Un courant de pensée plus marginal lance de nouveaux mots d'ordre: «Emparons-nous de notre industrie», «Sauvons notre patrimoine», «Achetons chez nous».

«Il faut que nous trouvions le moyen d'être à la tête du progrès moderne sur le continent américain [...] et le progrès, de nos jours, se rattachant presque exclusivement aux questions économiques, il faut modifier notre cri de guerre. Notre première devise fut : "Nos institutions, notre langue et nos lois !", notre seconde : "Emparons-nous du sol !" Il faut maintenant y ajouter : "Emparons-nous de notre industrie !" car autrement l'invasion industrielle nous fera perdre le sol d'abord, puis nos lois, notre langue et nos institutions [34]. »

Ce « cri de guerre » demeure le fait d'une élite intellectuelle qui a peine à négocier avec le conservatisme ambiant. Errol Bouchette [35], Firmin Létourneau, Jules Fournier, Olivar Asselin, un autre précurseur du Québec moderne [36], et Georges Pelletier [37] posent les jalons d'une analyse qui, tout en constatant l'absence de Canadiens français dans les grandes entreprises et les industries d'avenir (énergie, ressources naturelles), les appelle à se solidariser et à canaliser leurs capitaux au sein d'entreprises sous contrôle national. Mais il faut s'interroger sur la réception du message par la population. Dans une analyse de l'œuvre de Bouchette publiée en 1977, Rodrigue Tremblay l'assimile à un nationalisme mythique et messianique [38].

Les principaux instruments de promotion nationaliste, comme l'École sociale populaire ou le Club Saint-Denis, en passant par l'École des hautes études commerciales et les chambres de commerce, vont néanmoins commencer à forger un projet : partir du Québec agricole et développer l'industrie qui sera la plus susceptible de protéger les entreprises sous propriété francophone.

Plusieurs leaders d'opinion nationalistes, incluant Lionel Groulx, endossent l'idée en mettant l'accent sur des formes de prise en main économique plus près des intérêts du peuple. Le coopératisme constitue fort probablement la forme de propriété et d'action économique qui incarne le mieux leurs objectifs. Parce qu'elle touche de très près l'agriculture et la finance, et surtout parce qu'elle s'inscrit à merveille dans les pratiques corporatistes de l'Église, la formule coopérative est considérée comme une des rares voies « chrétiennes » de sortie de l'impasse économique. Nées en milieu rural, de la résistance des agriculteurs à l'appauvrissement depuis le XIXe siècle [39], les coopératives sont notamment perçues comme un levier apte à ralentir, sinon à enrayer, le processus d'érosion des rapports agricoles et de marginalisation économique « du peuple canadien-français », comme on le désignait alors. Dans ce début de siècle, elles sont également considérées comme un moyen de lutter contre les abus du capitalisme[40].

La formule coopérative connaît d'ailleurs certains succès. Depuis la fondation des Caisses Desjardins en 1901, plusieurs sphères économiques ont été investies. Dans l'agriculture, la Coopérative fédérée est créée en 1922 à la suite de la fusion de la Coop centrale des agriculteurs de Québec, de la Coop des producteurs de semences et du Comptoir coopératif de Montréal[41]. Dans les secteurs de la pharmacie, de la quincaillerie et de l'alimentation, plusieurs regroupements de petits commerçants voient le jour en s'inspirant de principes coopératifs. En outre, les difficultés économiques auxquelles sont confrontées certaines régions-ressources sont à l'origine de la création d'une trentaine de coopératives forestières. On investira beaucoup d'énergie dans la défense et la promotion de la formule coopérative sur un mode souvent messianique et anti-capitaliste[42].

La solution « nationale » ne se trouve donc pas pour tous dans la promotion de l'entrepreneuriat capitaliste ; elle est ailleurs, de sorte que les entrepreneurs francophones sont, en définitive, privés de l'appui des forces les plus énergiquement engagées dans la promotion du fait français au moment où s'annonce la crise de 1929, la pire tempête de l'histoire qu'ils auront à affronter. Si, comme l'affirme Monière, « le nationalisme des années 1920 [...] est l'expression de la défense de soi contre le mouvement d'industrialisation capitaliste[43] » et que, pour résister à l'invasion étrangère, la question nationale intègre des dimensions économiques, l'espace où cette expression prend essentiellement forme demeure principalement celui du petit (petite entreprise, petit commerce, etc.) et du local (le village, le quartier, etc.).

▶ La crise de 1929

La grande vulnérabilité du capital québécois se révèle sous les premiers coups de la dépression de 1929. À l'instar de tous les pays industrialisés, le Canada assiste à une baisse marquée de son niveau de consommation intérieure et de ses exportations vers l'étranger [44]. Dans l'ensemble du pays, le produit national brut chute de 17,9 % en 1931, de 18,7 % en 1932 et de 8,4 % en 1933 [45]. Au Québec, l'effondrement de la production dans les industries du bois et du lait et dans l'ensemble du secteur manufacturier atteint 43,3 % en 1930 et 36,1 % en 1932 [46]. Même l'industrie minière est frappée par le marasme. Entre 1929 et 1933, la valeur totale de la production y baisse de 3,6 %. Selon Saint-Germain, le Québec est plus durement touché que le Canada dans son ensemble à cause de sa situation de dépendance à l'endroit des États-Unis [47].

TABLEAU 3.7

Chute du PNB au Canada, 1931-1933 (en pourcentage)

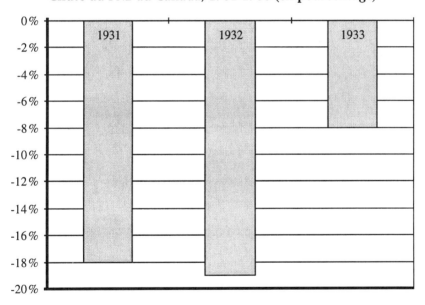

Source : Statistique Canada.

La plupart des grandes sociétés doivent essuyer des pertes ou se résigner à une réduction substantielle de leurs bénéfices.

On imagine dès lors, sans trop de difficulté, la fureur de la tempête qui se déchaîne sur les firmes plus modestes. Disposant d'assises plus fragiles, cantonnées dans les sphères les plus compétitives de l'économie, les petites entreprises voient leur rangs décimés par les faillites. Ce contexte général incitera les sociétés francophones à réorienter leurs activités vers des secteurs moins éprouvés.

TABLEAU **3.8**

**Chute de la production manufacturière au Québec, 1931-1933
(en pourcentage)**

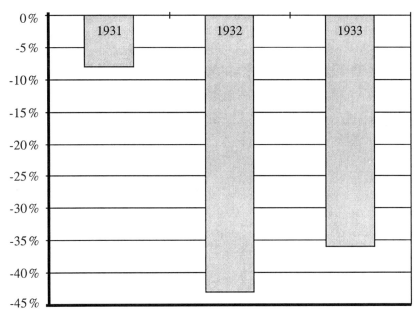

Source : Statistique Canada.

Le milieu rural est aussi en plein marasme et la pauvreté y atteint des niveaux inégalés[48]. Dans la mesure toutefois où elle recèle encore des formes d'économie de subsistance et offre un peu plus de ressources à ceux qui en vivent, l'agriculture constitue un refuge qui attire plusieurs travailleurs urbains. Ses activités périphériques profitent dans l'ensemble des mêmes avantages.

On peut dès lors émettre l'hypothèse que cela aura une influence certaine sur le redéploiement des entreprises francophones en direction des secteurs rattachés à l'agriculture et à l'alimentation.

Notons toutefois que les bouleversements que vit le capital francophone pendant la crise ne sont pas uniquement imputables à d'obscures forces du marché. Les voies de « sortie de crise » explorées à l'époque sur le terrain politique, comme la colonisation, concourent à les accélérer. Il faut aussi souligner l'importante perte de crédibilité des milieux d'affaires auprès de la population. Les héros des années 1920, ces chevaliers promoteurs de la modernité, deviennent les irresponsables par qui le malheur arrive et donc la cause la plus concrète de la déchéance de la société. Leur incapacité à reconstruire l'économie accrédite les propos de ceux qui dénoncent l'ensemble du système, ses injustices et son inhumanité.

Pour éviter un dérapage social complet, l'État prend le relais en instituant les secours aux chômeurs, les travaux publics et quelques autres mesures sociales. De 1930 à 1937, l'État québécois dépense 26 millions de dollars pour la colonisation, 54 millions de dollars en construction de routes et 14 millions de dollars en prêts aux cultivateurs[49]. Dans le domaine des relations de travail, les pressions syndicales et les divers griefs patronaux mènent à l'adoption, en 1934, de la Loi sur l'extension juridique des conventions collectives. Mais pour l'essentiel, le gouvernement d'Alexandre Taschereau persiste dans son modèle de développement économique fondé sur l'exploitation des ressources par le capital étranger.

En 1936, l'Union nationale prend le pouvoir sous la direction de Maurice Duplessis. Son administration accorde beaucoup d'attention au renforcement des structures agricoles (surtout au chapitre du financement et de la construction routière en milieu rural), à la colonisation et à la promotion du coopératisme. Mais l'Action libérale nationale, une des deux formations politiques à l'origine de la fondation de l'Union nationale, véhicule un projet plus directement voué à la lutte contre les monopoles et à la cause des entrepreneurs francophones. L'alliance avec le Parti conservateur, plus traditionaliste et plus proche des intérêts de la grande entreprise, donne lieu à un discours économique à deux niveaux dont la base politique propose « de tailler la meilleure place possible à la bourgeoisie francophone québécoise, tout en maintenant des rapports privilégiés avec le grand capital [50] ». Cette vision du développement économique devient, après la guerre, une des pierres d'assise de la politique duplessiste [51]. Même après la rupture en chambre, le 10 mars 1937, entre le groupe de Hamel-Chaloult (issu de l'Action libérale nationale) et Duplessis (chef du Parti conservateur), le gouvernement de l'Union nationale maintiendra une forme d'interventionnisme économique. Celle-ci s'exprimera surtout dans la politique de soutien à la colonisation dans des régions pourtant assez peu propices à l'agriculture (Témiscamingue, Haute-Mauricie, Côte-Nord, intérieur de la péninsule gaspésienne). On s'y livrera au pillage systématique des ressources forestières dont bénéficieront les petites scieries locales et, surtout, les grandes entreprises papetières.

▶ La mesure de la force des entrepreneurs francophones

Les données des recensements publiées en 1931 et 1941 permettent d'illustrer le cheminement des différentes forces économiques sur le territoire québécois. Les résultats que présente le tableau suivant sont frappants. L'étude comparative de ces relevés met en relief la marginalisation relative des gestionnaires francophones dans plusieurs domaines [52].

Dans plusieurs secteurs, le recul des dirigeants francophones est la résultante du mouvement de concentration précédemment évoqué. En 1931, les secteurs des manufactures, de la construction et du transport étaient dirigés par 15 590 propriétaires et gérants. En dix ans, ce nombre a fondu de près de 15 %, il n'est plus que de 13 283. Dans les trois domaines, les francophones encaissent un recul très perceptible [53]. En plus d'essuyer une baisse de leur nombre en absolu, ces derniers voient leur influence sur l'activité des secteurs en cause décliner de façon marquée. En 1931, 57 % des propriétaires de manufactures étaient d'origine francophone ; en 1941, cette part n'est plus que de 49 %. Dans l'industrie de la construction, la baisse est du même ordre, la part francophone passant de 75 % à 67 %. Dans le secteur transport et communications, les francophones perdent encore plus de terrain, passant de 78 % à 43 %.

TABLEAU 3.9

**Propriétaires et gérants francophones, 1931 et 1941
(en pourcentage)**

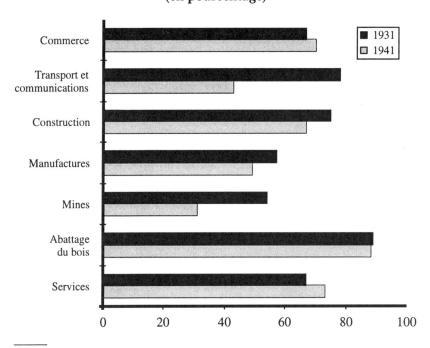

Source : Données de recensement

En fait, seule l'industrie des services et plus particulièrement le commerce de détail, en plein essor au début des années 1940, va offrir des zones d'activité favorables à la progression de l'effectif entrepreneurial francophone. Hormis cette performance remarquable dans le commerce, le contingent des administrateurs francophones vit une décroissance de 5 % (65 % à 60 %) entre 1931 et 1941. En revanche, les milieux d'affaires anglophones et ceux d'origine étrangère connaissent à la fois une croissance notable de leur effectif et, dans le cas des administrateurs étrangers, une amélioration sensible de leur positionnement au sein de l'élite économique (passant de 11 % en 1931 à 16 % en 1941).

Plus détaillé, le relevé du recensement de 1931 permet d'isoler de façon plus précise les branches manufacturières où sont concentrés les avoirs francophones. On constate une très nette vocation pour les activités agro-alimentaires, l'industrie du cuir, les produits du bois, les produits métalliques et l'impression-édition. Près de 75 % des administrateurs francophones se retrouvent dans ces branches, ce qui représente une assise très limitée, comparativement à celle des industriels anglophones que l'on retrouve dans pratiquement tous les domaines.

La publication, en 1936, de *Mesure de notre taille*, du journaliste Victor Barbeau (*Le Devoir*), a l'effet d'une bombe dans les milieux nationalistes et provoque une prise de conscience du recul des francophones dans le monde des affaires. Le relevé de Barbeau confirme les phénomènes dont nous venons de discuter et trace le portrait d'une bourgeoisie faible, peu concentrée et confinée à quelques branches d'activité. Il sonne l'alarme tout en transmettant un message d'avenir.

« Est-ce à dire qu'il faille désespérer? Si cette pensée m'avait seulement effleuré, je n'aurais jamais entrepris de recenser notre misère. Quoiqu'ils échappent encore à la plupart, paticulièrement à notre soi-disant élite, il y a des signes dans le ciel. Les temps nouveaux vont venir... À notre tour nous allons dépouiller le vieil homme, nous allons faire peau neuve[54]. »

► Notes

1. Charles-Albert Michalet, *Le capitalisme mondial*, Paris, Presses universitaires de France, 1976.
2. René Durocher, Paul-André Linteau et René Robert, *Histoire du Québec contemporain, op. cit.*
3. Léo Panitch, *The Canadian State : Political Economy and Political Power*, Toronto, MacMillan of Canada, 1975.
4. G. Piédalue, «Les groupes financiers au Canada 1900-1930 », *Revue d'histoire de l'Amérique française*, vol. 30, n° 1, juin 1976. Piédalue illustre ce processus à travers l'analyse des échanges d'administrateurs. De 1900 à 1930 se tissent progressivement des liens étroits entre banques et grandes sociétés industrielles.
5. Jorge Niosi a consacré un livre à l'étude de cette bourgeoisie : *La bourgeoisie canadienne*, Montréal, Boréal Express, 1980.
6. Wladimir Andreff, *Profits et structures du capitalisme mondial*, Paris, Calmann Lévy, 1976.
7. François Rocher, «Le Québec en Amérique du Nord : la stratégie continentale », dans Alain-G. Gagnon, *Québec : État et société*, Montréal, Québec/Amérique, 1994.
8. Alfred Dubuc, «Développement économique et politique de développement : Canada 1900-1940 », dans Robert Comeau, *Économie québécoise*, Montréal, Presses de l'Université du Québec, 1969.
9. Yves Saint-Germain, *La prospérité nord-américaine de l'après-guerre : le Québec et les Canadiens français (1919-1927)*, (Thèse), Montréal, Université de Montréal, 1963.
10. Toutes ces questions ont été développées par Yves Roby dans *Les Québécois et les investissements étrangers (1918-1929)*, Québec, Presses de l'Université Laval, 1976.
11. William F. Ryan, *The Clergy and Economic Growth in Quebec 1879-1914*, Québec, Presses de l'Université Laval, 1966.
12. dans Nive Voisine, *Histoire du catholicisme québécois, le XXe siècle*, Tome 1, Montréal, Boréal Express, 1984.
13. Émile Benoist, «Forest et frères », *Le Devoir*, 9 mai 1925.
14. Jean P. Lawlor, *Le commerce des alcools et la création de la Commission des liqueurs en 1921*, (Thèse), Montréal, Université de Montréal, 1970.
15. Émile Benoist, *Monographies économiques*, Montréal, *Le Devoir*, 1925.
16. Réal Côté, *L'évolution de l'industrie de la chaussure en cuir au Canada*, (Thèse), Montréal, H.E.C., 1952.
17. Jean-Paul Forest, «L'industrie de la chaussure », *Le Bulletin de la Chambre de commerce de Montréal*, Montréal, novembre 1940.
18. Émile Benoist, «L'entreprise canadienne française », *Le Devoir,* 18 octobre 1923.
19. «L.J. Amyot, l'homme du mois », *Commerce*, Montréal, juillet 1950.
20. Jacques Girard, «Les industries de transformation de la province de Québec 1841-1914 », *Revue canadienne de géographie*, vol. 16, n°s 1-4, 1960.
21. Jean Solojwi, «Développement des banques canadiennes-françaises », *Actualité économique*, vol. 25, n° 1, 1949.
22. Dont le Conseil d'administration accueillera les principaux porte-couleurs du milieu d'affaires francophone nationaliste.
23. Par Joseph Versailles, plus tard fondateur de Ciment national à Montréal-Est et maire de cette ville.
24. Émile Benoist, *Monographies économiques*, Montréal, *Le Devoir*, 1925.
25. Gilles Gallichan, «De la Montreal Light, Heat and Power à Hydro-Québec », dans Yves Bélanger et Robert Comeau, *Hydro-Québec, autres temps, autres défis*, Québec, Presses de l'Université du Québec, 1995.
26. Claude Bellavance, «Financement et industrie en Mauricie », *Revue d'histoire de l'Amérique française*, n° 1, été 1986.

27. Richard Desrosiers, « La question de la non-participation des Canadiens francais au développement industriel au début du XXe siècle », dans Robert Comeau, *Économie québécoise*, Montréal, Presses de l'Université du Québec, 1969.
28. Jean-Charles Poulin, *La cité de l'or blanc, Thetford Mines*, Beauceville, Imprimerie l'Éclaireur, 1975.
29. Paul-André Linteau, *L'économie de Montréal, essai d'interprétation historique*, Montréal, Ville de Montréal, 1989.
30. Paul-André Linteau, *Maisonneuve, Comment des promoteurs fabriquent une ville 1883-1918*, Montréal, Boréal Express, 1981.
31. Nive Voisine, *Jules-A. Brillant et le Bas St-Laurent*, M.A. (Thèse), Québec, Université Laval, 1968.
32. Yves Roby, *op. cit.,* p. 100.
33. Jacques Mélançon, « Retard de croissance de l'entreprise canadienne-francaise », *Actualité économique*, vol. 31, janvier-mars 1956.
    Norman W. Taylor, « L'industriel canadien français et son milieu », *Recherches sociographiques*, vol. 2, n° 2, 1961.
34. Errol Bouchette cité dans Alain Lacombe, *Errol Bouchette*, Montréal, Fides, 1997, p. 118.
35. Voir, entre autres, Errol Bouchette, « Les débuts d'une industrie et notre classe bourgeoise », *Transaction on Royal Societies of Canada*, vol. 6, n° 3, 1912.
36. Il faut lire Hélène Pelletier-Baillargeon, *Olivar Asselin et son temps*, Montréal, Fides, 1996.
37. Voir « Notre industrie », *L'Action francaise*, vol. 5, n° 6, juin 1921.
38. Errol Bouchette, *L'indépendance économique du Canada français*, Montréal, La Presse, 1977, p. 40.
39. Gaston Deschênes, « Associations coopératives et institutions similaires au XIXe siècle », *Revue d'histoire de l'Amérique française*, vol. 29, n° 4, mars 1976.
40. François-A. Angers, « L'idée coopérative fait son chemin », *Actualité économique*, vol. 15, n° 1, 1942.
    Louis Beauregard et Jean-B. Cloutier, *La coopération économique*, Montréal, École sociale populaire, 1937.
41. Nicole Martineau, *Les forces de la coopérative agricole dans la province de Québec*, (Thèse), Montréal, H.E.C., 1923.
42. André Gravel, *Les Caisses populaires Desjardins dans le Québec*, (Thèse), Montréal, H.E.C., 1937.
    H. Macpherson, *Co-operative Credit Association in the Province of Quebec,* (Thèse), Chicago, Chicago State University, 1970.
43. Denis Monière, *Le développement des idéologies au Québec*, Montréal, Québec/Amérique, 1977, p. 252.
44. Rosario Bilodeau et autres, *Histoire des Canadas*, Montréal, Hurtubise HMH, 1975.
45. Statistique Canada, *Comptes nationaux*, SC 13-531.
46. Gouvernement du Canada, *Annuaire statistique du Canada*, 1939-1940.
47. Maurice Saint-Germain, *Une économie à libérer: le Québec analysé dans ses structures économiques*, Montréal, Presses de l'Université de Montréal, 1973.
48. Voir les écrits de Everett C. Hughes rappelés récemment par Alain Noël dans « Le chômage en héritage », dans Alain-G. Gagnon, *op. cit.*
49. Rosario Bilodeau *et al.*, *Histoire des Canadas,* Montréal, Hurtubise HMH, 1975.
50. Gilles Bourque et Jules Duchastel, *Restons traditionnels et progressifs, une analyse politique des discours du budget de l'Union Nationale 1936-1960*, Montréal, Presses de l'Université de Montréal, 1988.
51. Gilles Bourque et Jules Duchastel, *Idem.*
52. Esdras Minville, *Montréal économique*, Montréal, Fides, 1943.
53. Jacques Turcot, *Le rôle des filiales américaines dans le développent de Montréal,* (Thèse), Montréal, Université de Montréal, 1940.
54. Victor Barbeau, *Mesure de notre taille*, Montréal, *Le Devoir*, p. 243.

CHAPITRE 4

Le développement dépendant : les années Duplessis

La période 1939-1959 donne lieu à l'expression de tendances contradictoires. D'une part, le capital québécois francophone bénéficie d'une reprise économique importante qui favorise son développement. Mais cela est insuffisant car, d'autre part, son poids relatif continue de diminuer par rapport aux capitaux canadiens et américains dont il devient, dans une large mesure, un agent économique auxiliaire.

► Une conjoncture marquée par la prospérité

Au lendemain de la récession, et tout spécialement durant la guerre, un boom économique chambarde considérablement la réalité québécoise et canadienne. Plusieurs branches, plus ou moins stagnantes sous la crise, connaissent une nouvelle lancée. De 1939 à 1941, la valeur des produits manufacturiers passe de trois milliards à neuf milliards de dollars[1]. Entre 1940 et 1959, le taux de croissance annuel moyen s'établit à 10,1 %[2]. En résumé, l'économie canadienne connaît globalement, entre 1939 et 1959, une période de grande prospérité.

Dans l'ensemble, le secteur manufacturier est le plus grand bénéficiaire du boom économique. En 1939, il représentait 51,9 % de l'ensemble de la production québécoise. Cette part atteint 57,8 % en 1942. Elle fléchira légèrement par la suite pour croître à nouveau vers la fin des années 1950. Plusieurs branches industrielles connaissent cependant une évolution erratique.

L'industrie du fer, par exemple, voit sa production passer de 10 millions de dollars en 1939 à 446 millions de dollars en 1942, pour ensuite cesser de croître jusqu'au début des années 1950. Le cas des produits chimiques est encore plus révélateur. Presque inexistante en 1939 (48 millions de dollars de valeur de production seulement), cette industrie s'affirme avec la guerre (219 millions de dollars en 1949). Ici également, il faudra attendre les années 1950 pour que la croissance se manifeste à nouveau.

TABLEAU **4.1**

**Évolution de la production manufacturière nette, Québec
(en milliers de dollars)**

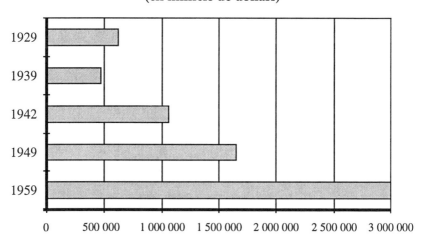

Source : *Annuaires statistiques du Québec.*

En fait, l'évolution de l'économie sur le plan sectoriel présente un profil paradoxal. L'industrie de guerre semble en effet n'avoir laissé qu'une empreinte passagère sur l'économie provinciale. Avant la guerre, le Québec était dominé par les industries extractives, les pâtes et papiers, l'alimentation et le textile, secteurs qui redeviennent prépondérants au lendemain du conflit. Il faut attendre la relance de l'industrie lourde redevable à la guerre de Corée pour que les domaines reliés à la fabrication et à l'assemblage de pièces mécaniques reprennent une partie de leur influence perdue.

TABLEAU **4.2**

Évolution de la valeur nette de la production manufacturière, Québec (en pourcentage)

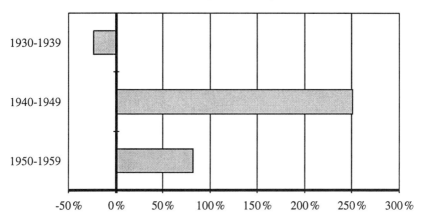

Source: Statistique Canada.

TABLEAU **4.3**

Proportion de la valeur nette de production représentée par le secteur manufacturier, Québec (en pourcentage)

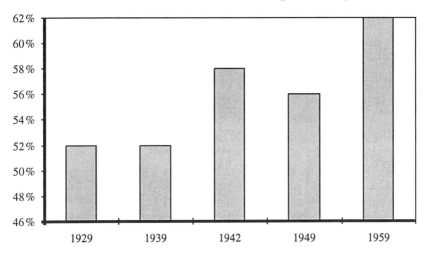

Source: Statistique Canada.

TABLEAU **4.4**

Évolution des grands secteurs de l'industrie manufacturière québécoise (en pourcentage de la production manufacturière totale)

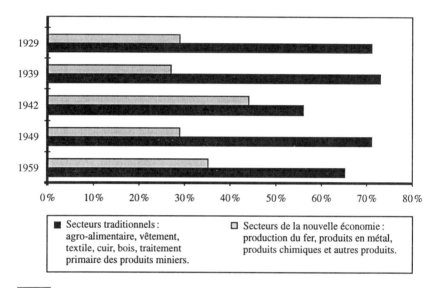

Source: Statistique Canada.

▶ Un projet de guerre battu en brèche : changer l'État et la société

Créée en 1937 pour résoudre les problèmes inhérents à la crise, la Commission Rowell-Sirois propose d'attribuer une plus grande part des pouvoirs de taxation à l'État central. La stratégie de relance devait, dans l'optique de la Commission, s'élaborer au palier fédéral. C'est d'ailleurs le gouvernement fédéral qui orchestre l'économie de guerre. Il contrôle l'épargne (Bons de la victoire), passe les contrats d'armement et d'équipement et, à cet égard, crée les conditions de la relance industrielle.

Le contexte de la guerre ne permet pas aux voix dissidentes de se faire pleinement entendre. Certains leaders nationalistes québécois soupçonnés de fraterniser avec l'ennemi sont emprisonnés au camp de Petawawa en Ontario et l'Union nationale perd le pouvoir aux mains d'Adélard Godbout, grâce à l'appui des libéraux fédéraux, dont notamment Ernest Lapointe, le puissant ministre fédéral de la Justice. L'industrie de guerre n'assure-t-elle pas par ailleurs la prospérité économique? Les réformes mises de l'avant ne garantissent-elles pas une plus grande « justice sociale »? Le vote des femmes (1940), l'instruction obligatoire (1942), la modification de la Loi des pensions (1942), l'adoption de la Loi de la Commission de la fonction publique (1943), la mise sur pied de la Commission d'étude de la fonction publique et de celle sur l'assurance-maladie (1943), l'adoption de la Loi du salaire minimum (1944) sont autant de réformes qui annoncent une certaine volonté gouvernementale de mettre fin au laisser-faire et à l'arbitraire au sein de la société. Plus encore, enfourchant un des chevaux de bataille de la défunte Action libérale nationale, les libéraux nationalisent la Montreal Light Heat and Power et créent en 1944 la Commission hydroélectrique de Québec, l'ancêtre de la société Hydro-Québec[3]. L'État québécois semble s'être résolument engagé sur la voie de l'interventionnisme.

Les forces conservatrices freinent ce vent de réforme avec la réélection de Duplessis en 1944. Exigeant le respect de l'« esprit véritable de la Confédération », elles amorcent une lutte autonomiste ayant pour objectif de stopper le processus fédéral de centralisation[4]. Selon ce qu'affirment la majorité des historiens, Duplessis reprend le pouvoir sur les assises de son premier mandat : conservatisme, libéralisme économique, patronage, anti-ouvriérisme, anticommunisme et autonomisme. Le discours est à nouveau axé sur l'exaltation des vertus du monde rural[5]. Mais plusieurs idées reçues sur la gestion gouvernementale d'après-guerre doivent être remises en question. Pendant toute cette période, la pratique de l'État n'a pas été aussi incohérente, archaïque et rétrograde qu'on est généralement enclin à le penser. Selon Bourque et Duchastel, Duplessis va instituer un mode de développement moderniste sous plusieurs de ses aspects[6].

En matière de reconstruction de l'économie sous contrôle francophone, l'industrie de guerre n'a visiblement pas rempli toutes ses promesses[7]. Comme nous l'illustrerons plus loin, le boom industriel de la guerre a bien entendu permis de relancer l'entrepreneuriat local, mais à une petite échelle, alors même que l'industrie réclamait l'apport de grandes organisations. L'essentiel de la « manne » a donc été versé aux entreprises anglo-saxonnes et étrangères. La communauté d'affaires francophone se retrouve conséquemment, au lendemain de la guerre, confrontée aux mêmes problèmes que pendant les années 1920[8].

▶ Le modèle de développement duplessiste

Au développement industriel axé sur les grands centres urbains privilégié par Ottawa, le gouvernement québécois oppose une croissance visant celui des régions et basée en partie sur les petites entreprises locales où se retrouvent la plupart des hommes d'affaires francophones. C'est en intégrant cette perspective que seront déployées une série de mesures axées notamment sur la modernisation de l'agriculture et la mise en valeur des richesses naturelles. À ce dernier chapitre, les milieux d'affaires francophones seront cependant confinés à des fonctions de soutien au grand capital étranger et ne seront que dans de rares exceptions invités à participer directement à l'exploitation de ces richesses.

Cette compréhension de la place qui doit revenir aux francophones est d'abord et avant tout l'acceptation, un peu comme une fatalité, d'une réalité de fait : peu d'entreprises sous contrôle francophone possèdent les ressources nécessaires pour financer et administrer l'exploitation des gisements miniers et des ressources forestières. Dans un livre publié en 1961, Raynauld décrit bien la situation. Les secteurs en croissance (voir tableau 4.4) exigent un apport financier important dans les immobilisations et sont déjà dominés par les grands capitaux anglo-saxons canadiens et américains au moment où la guerre éclate[9]. Le régime duplessiste tente simplement d'exploiter au maximum ce que peuvent offrir les grandes entreprises en minimisant les coûts matériels pour l'État provincial. Duplessis agit comme si les milieux d'affaires francophones devaient s'adapter et s'attacher à des missions qui leur sont accessibles et qui s'accordent avec les valeurs dominantes de la société québécoise. Plusieurs entrepreneurs francophones partagent cette façon de voir les choses, comme en témoigne la création, en 1943, de l'Association professionnelle des industries (API) qui a pour mandat de promouvoir à la fois une préoccupation d'affaires et une préoccupation humaine et chrétienne [10]. Confinés qu'ils sont depuis de nombreuses décennies au cadre de l'entreprise familiale, ce choix en faveur de la tradition ne heurte qu'une minorité d'entrepreneurs, comme les Simard de Sorel, qui se tournent vers Ottawa dont la conception du rôle économique de l'État est nettement plus interventionniste [11].

De toute façon, les options économiques privilégiées au Québec au cours des années 1930, loin de préparer le capital francophone au virage vers l'industrie lourde, l'amènent à se recomposer dans les branches traditionnelles. Cela le place brusquement, au moment où la guerre éclate, dans une situation désavantageuse qui lui coupe toute possibilité d'exercer un quelconque leadership, surtout dans les secteurs devant produire les technologies de guerre. La grande majorité des entrepreneurs francophones sera mise à contribution dans ses domaines d'expertise et donc dans des fonctions moins stratégiques sur le plan technologique.

Du point de vue des entrepreneurs, le grand changement qu'inaugure le gouvernement Duplessis après 1945 n'est pas lié à la place qu'on leur propose dans la hiérarchie entrepreneuriale, mais bien au refus de l'interventionnisme gouvernemental. Finis ces plantureux contrats gouvernementaux de la guerre pour survivre, il faudra dorénavant s'associer autant que faire se peut aux grandes entreprises. Quelques entrepreneurs francophones ont commenté cette transition de l'après-guerre et l'analyse de leurs écrits indique que nombre d'entre eux n'étaient pas nécessairement défavorables à ce retour à un système fondé sur l'entreprise, et l'entreprise seule, non seulement pour des raisons idéologiques, mais également pour des raisons pratiques comme la réduction de la dette gouvernementale contractée pendant la guerre.

Encore ici, il faut nuancer. Rejeter l'interventionnisme ne signifie aucunement que l'État ne pourra plus servir de soutien. La politique du gouvernement de Duplessis en matière de voirie (celle des bouts de chemin, dira-t-on plus tard) et le mécanisme d'attribution des contrats qui l'accompagne (le népotisme institutionnalisé[12]) soutiendront directement plusieurs centaines d'entrepreneurs francophones, surtout ceux des régions. Or il faut rappeler qu'entre 1944 et 1960, dans le seul domaine des travaux publics, le gouvernement construit 2 702 ponts et 20 607 milles de route.

La politique économique de Duplessis a aussi des effets pervers dont le principal est de contribuer à accentuer la relation de dépendance face au grand capital étranger et canadien[13]. Elle a joué, en outre, dans le sens du renforcement de certains secteurs économiques québécois, mais sans susciter pour autant un processus de reprise en main des leviers de l'économie.

En conclusion, les quinze ans de pouvoir du gouvernement dirigé par Maurice Duplessis ont, pensons-nous, soutenu le capital francophone québécois et fait la promotion d'une certaine vision de l'entrepreneuriat au sein de la communauté francophone, vision qui était un peu le reflet de ce que représentaient les entreprises francophones au lendemain de la guerre, mais non pas nécessairement de ce à quoi elles pouvaient aspirer. Avec le temps, les projets évolueront, mais pas le régime, de sorte que la vision du développement économique défendue par le gouvernement perdra des appuis.

► Vers la recomposition de la classe d'affaires francophone

Pour plusieurs entrepreneurs francophones, l'économie de guerre constitue une véritable manne. Les approvisionnements militaires réaniment notamment les industries agro-alimentaire et du vêtement où plusieurs firmes voient s'ouvrir un marché d'exportation qui a pour mission de nourrir et de vêtir les militaires. Par exemple, alors que Catelli se débattait avec des difficultés majeures quelques années seulement avant le déclenchement des hostilités, en venant même à envisager la fermeture en 1936, elle est soudainement projetée sur la scène internationale. Grand-mère Knitting, spécialisée dans la fabrication de bérets, suit un cheminement analogue. Au plus fort de la production de guerre, cette entreprise a à son service 2 400 ouvriers et ouvrières.

La croissance se fait sentir presque partout, de l'acier aux épingles à linge. La fonderie de Plessisville, qui comptait à peine quelques dizaines d'employés au début des années 1920, en emploie plus de 400 en 1942. La trajectoire de la fabrique d'épingles à linge Megantic Manufacturing, propriété de Philibert Cliche, est similaire. Marine Industries, propriété de la famille Simard de Sorel, connaît quant à elle une expansion foudroyante. Les contrats militaires alloués par le gouvernement fédéral permettront au chantier naval d'atteindre des sommets sans précédent dans son histoire. Pas plus de trois ans après le début de la guerre, Joseph Simard, qui venait pourtant à peine, quelques années plus tôt (1937), de réorganiser les Chantiers Manseau pour créer Marine Industries, présente un curriculum impressionnant qui en fait une des figures de proue du renouveau industriel québécois[14].

Dans le secteur financier, le financement des activités de guerre permet à plusieurs gestionnaires de tirer leur épingle du jeu. Selon P.H. Guimont, 857 millions de dollars furent recueillis dans les milieux francophones grâce à la vente à domicile des Bons de la victoire [15], ce qui permit à plusieurs vendeurs de s'illustrer et à de nouvelles carrières de se développer. Ainsi, Jean-Louis Lévesque, nom qui deviendra un important symbole entrepreneurial de sa génération, s'engage dans les emprunts de la victoire en 1941, lorsqu'il obtient la responsabilité de la vente pour le comté de Joliette[16]. Sa maison de courtage se spécialisera par la suite dans les émissions de municipalités, de commissions scolaires, d'hôpitaux, de fabriques et de congrégations religieuses. En 1947, Lévesque obtient une émission de 23 millions de dollars de la province de Québec et se voit offrir un siège à la Bourse de Montréal dans les rangs de la « haute » finance. En 1945, il achète Fashion Craft (vêtement), puis le Téléphone du nord, Acme Glove Works et divers petits magasins. Deux ans plus tard, il acquiert l'entreprise de fabrication de mélasse Fred A. Lallemand, puis la Librairie Beauchemin et l'Industrielle (assurance) en 1951, la Slater Shoe en 1953 et le Palais du commerce en 1955. L'achat après 1960 de plusieurs autres entreprises, dont L.G. Beaubien, la Compagnie Alfred Lambert, la quincaillerie Durand et Payette Radio, viendra consolider son empire.

Dans la construction, les entreprises se multiplient. Quelques-unes atteindront, grâce aux travaux de guerre, une taille tout à fait respectable. Parmi les plus connues de l'époque, il faut mentionner Morin et frères, Labrador construction, Desourdy construction, Standard construction, J. Ulysse Ste-Marie, Ciment Québec, Hauterive développement, Pentagon construction, Charles Duranceau inc., Belmont corp., Alta construction, etc.[17] Plusieurs de ces entreprises ont résisté au temps et sont encore en activité aujourd'hui.

Les entrepreneurs francophones participent aussi au vaste *happening* économique qui suit la guerre. Comme nous l'avons déjà indiqué, la relance se fait plutôt sentir dans leurs principaux domaines d'expertise, soit l'alimentation, le cuir, la chaussure, le textile, le vêtement et la construction. Dans ces secteurs, les histoires à succès se multiplient. Par exemple, Grand-mère Knitting, dont nous venons d'évoquer l'ouverture sur le monde, voit ses ventes annuelles passer de 100 000 dollars en 1934 à trois millions de dollars en 1952. L'entreprise s'engage, cette même année, dans un programme de diversification en s'attaquant au marché des vêtements sportifs. Bédard ltée, un tout petit fabricant de produits domestiques, passe d'une vingtaine d'employés au début de la guerre à plus de 300 en 1950. La Compagnie Alfred Lambert, qui réalisait un chiffre d'affaires de 1,2 million de dollars en 1936, progresse à un rythme tel qu'en 1953, elle compte 1 500 emplois et cumule 19 millions de dollars de ventes. La main-d'œuvre québécoise a la réputation d'être docile et bon marché.

La période voit également apparaître plusieurs petites entreprises de transport. L'intensification de l'activité économique régionale en Gaspésie, au Lac Saint-Jean, en Beauce, au Témiscamingue et sur la Côte-Nord, entraîne en effet un accroissement significatif du nombre de transporteurs routiers. Aux côtés des grandes entreprises anglo-montréalaises (Maislin, etc.), les petits

et moyens transporteurs québécois se mult˙
express (Beauce), J.B. Baillargeon (Montréal), s.
(Montréal), Champlain, Sept-Îles express (Saguenay),
transport (Saguenay), Simard et frères (Abitibi), Nordair (L
Saint-Jean), etc.[18] Plusieurs multinationales dont l'Alcan, la CIP
et la Québec Cartier Mining fournissent en région un volume
d'activité qui soutient la croissance de ces entreprises de
camionnage.

Dans le secteur bancaire, les banques à charte québécoise
voient leurs actifs croître substantiellement. Ceux de la Banque
provinciale, par exemple, augmentent de 55 % entre 1930 et
1940, puis triplent au cours de la décennie suivante, pour atteindre
179,1 millions de dollars en 1959. Dans le petit univers financier
sous contrôle francophone, c'est toutefois des firmes de courtage
et du domaine des assurances que nous proviennent les réussites
les plus spectaculaires. Les emprunts gouvernementaux
permettent à L.G. Beaubien, la plus importante des maisons de
courtage en valeurs mobilières québécoises, de tourner le dos
aux années de vaches maigres et de se replacer sur les rails de la
croissance. À la fin des années 1940, la société incorpore la
Banque L.G. Beaubien à Paris. Au début des années 1950, elle
s'allie à la Banque de Paris et des Pays-Bas, à l'Union européenne industrielle et financière, à la Société du Canal de Suez et
à Air Liquide pour lancer deux sociétés de financement franco-
canadiennes.

Dans l'assurance, l'offensive est majeure. Avant la guerre,
la présence francophone se faisait plus que discrète. En quelques
années, l'enrichissement de la communauté québécoise créera un
marché que de nouvelles entreprises auront tôt fait d'exploiter.
Parmi ces nouvelles firmes sous propriété francophone figurent
La Laurentienne, la Sécurité, la Solidarité, la Société mutuelle
d'assurance de l'UCC, l'Assurance-vie Desjardins, Les Prévoyants
du Canada, les Compagnies d'assurance du groupe Commerce et
la Compagnie d'assurance Bélair. Non seulement le nombre des
assureurs s'accroît-il, mais leur progression est remarquable,
comme en témoignent les performances de La Sauvegarde dont
les actifs sextuplent entre 1929 et 1951[19].

Les caisses populaires accélèrent également leur pénétration dans le territoire québécois. En quinze ans, de 1940 à 1955, le nombre de caisses double, le membership se multiplie par 8 et l'actif par 22 (voir tableau 4.5). Jouissant du soutien des élites locales et de l'appui du gouvernement Duplessis, les caisses vont investir le marché de l'épargne négligé par les grandes banques, aussi bien dans les zones urbanisées de Montréal et de Québec qu'en région. [20] Selon Linteau, le système coopératif se popularise surtout à Montréal[21].

La formule coopérative enregistre également différents succès dans la production et la vente des produits agricoles, notamment dans l'industrie laitière. Cet enracinement de la formule coopérative dans le monde agricole était sans doute prévisible après la dure période d'adaptation que le monde rural avait dû traverser pendant les années de crise.

TABLEAU **4.5**

Évolution des actifs détenus par les caisses populaires, 1915-1960 (en millions de dollars)

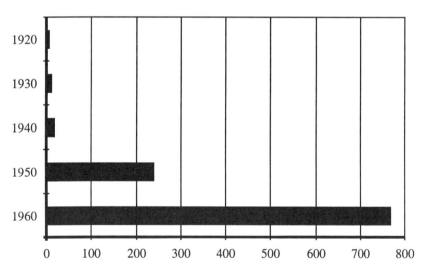

Source: Gouvernement du Canada, ministère de l'Agriculture. *Les Caisses populaires au Canada.* Ottawa, le ministère, 1921-1961.

TABLEAU **4.6**

Évolution du nombre des coopératives agricoles, 1934-1954

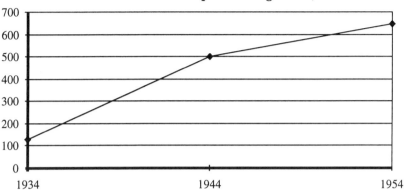

Source : Gouvernement du Canada, ministère de l'Agriculture. *Les Caisses populaires au Canada.* Ottawa, le ministère, 1921-1961.

La percée des coops dans le commerce de détail continue d'étonner. Le regroupement des marchands indépendants Ro-Na naît en 1939 sous le nom de Les Marchands en quincaillerie ltée. Roland Dansereau et Napoléon Piotte, les deux fondateurs du mouvement, avaient pour principal objectif de renforcer les petits quincailliers. Les mêmes objectifs président, dans l'industrie de l'alimentation, à la naissance du groupe Richelieu.

Plus globalement, les changements qui surviennent dans le monde entrepreneurial pendant et après la guerre se traduisent par une croissance importante de l'effectif francophone. En 1941, on comptait 35 046 administrateurs et propriétaires francophones au Québec. Vingt ans plus tard, on en dénombre 89 987[22].

► **Une nouvelle classe d'affaires également plus structurée**

Du point de vue qualitatif, nous ne sommes pas uniquement devant un phénomène de croissance du nombre d'entrepreneurs et de leurs entreprises, mais également face à un processus de reconstitution de « l'élite » avec les Simard, Carrière, Baillargeon, Préfontaine, Lévesque, Boulet et compagnie.

Un nouveau réseau est également en voie de prendre forme. L'analyse du curriculum des figures de proue de cette classe de gestionnaires à la barre des affaires dans le milieu francophone démontre que plusieurs industriels et financiers développent de nouvelles relations entre eux. L'étude des liens entre les administrateurs fait ressortir la place tout à fait centrale qu'occupent quelques grandes familles. À la fin des années 1950, cinq groupes familiaux (incluant Jean-Louis Lévesque)[23] dominent la scène industrielle et financière. Il s'agit de la famille Simard, de la famille Bienvenu, de la famille Raymond, de la famille Brillant, très influente dans le Bas-Saint-Laurent, et du groupe dirigé par Jean-Louis Lévesque. Précisons tout de suite que ces familles n'occupent pas à elles seules tout le paysage entrepreneurial de l'époque. Des éléments issus de vieilles familles (Forget, Paquet, De Serres, Dupuis, Donohue, etc.) ou d'autres de formation plus récente (Beauchemin, Gagnon, Cousineau, Martineau notamment) s'y inscrivent également entre 1939 et 1960. Ces cinq groupes familiaux demeurent toutefois, et de loin, les plus importants.

Le tableau 4.7 permet de dégager certains des principaux points de ralliement de ces grandes familles et des institutions qu'elles contrôlent, ou sur lesquelles elles influent. À cet égard, trois axes semblent prédominer. Il s'agit d'abord du circuit Banque canadienne nationale-Trust général, puis de la filière constituée autour de la Banque provinciale et de la Société administration et fiducie, et en dernier lieu de ce véritable cas d'espèce que constitue la société Corpex, cas sur lequel nous reviendrons ultérieurement.

Il faut par ailleurs souligner l'influence déterminante de Jean-Louis Lévesque. La polyvalence de son groupe et la puissance financière qu'il concentre le placent, en fait, au centre de l'élite francophone. Directement ou indirectement, le groupe a en effet accès à tous les centres de décision de ce réseau. Nous nous retrouvons donc à la fin des années 1950 devant une classe d'affaires beaucoup plus structurée qu'elle ne l'a sans doute jamais été.

TABLEAU 4.7

Liens d'administrateurs entre entreprises québécoises (3 et plus, 1960)

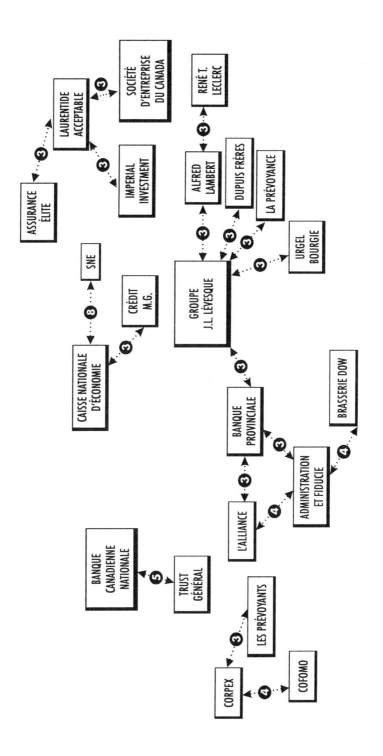

► **L'influence du nouveau pouvoir économique demeure cependant bien relative !**

Comme nous l'avons vu dans les chapitres précédents, la croissance du nombre n'est pas nécessairement gage d'influence. Il faut ici faire deux constats. Premièrement, le pourcentage des administrateurs et des propriétaires francophones ne progresse pas par rapport aux gestionnaires de la communauté anglophone. En fait, il fléchit légèrement, passant de 66 % en 1941 à 65 % en 1961.

Deuxièmement, les entreprises francophones, aussi nombreuses soient-elles, restent attachées à des pratiques et à des traditions qui n'évoluent pas aussi rapidement qu'on aurait pu le souhaiter. Le modèle de l'entreprise familiale est encore dominant, les entreprises sont souvent sous-capitalisées, seule une poignée d'entre elles est inscrite à la bourse et une part encore plus restreinte peut prétendre disposer d'une organisation répondant aux critères d'une économie de plus en plus contrôlée par les grandes multinationales.

Plusieurs observateurs prennent conscience du caractère superficiel de la progression des milieux d'affaires francophones, tout à fait insuffisante du point de vue du contrôle des leviers économiques. La concentration industrielle qui se poursuit au cours des années 1950 à l'échelle du territoire canadien, la logique du développement suscité par le capital étranger et celle du grand capital canadien sont autant de facteurs qui placent plus que jamais la bourgeoisie francophone dans une situation inconfortable. Dans *La désillusion tranquille*, [24] Dorval Brunelle souligne l'impact de la convergence de la désindustrialisation québécoise au profit de l'Ontario et de la marginalisation des bourgeois locaux provoquée par la concentration de la propriété du capital à l'échelle canadienne.

L'économie du Québec semble en effet en perte de vitesse. Même si cette thèse du déclin sera ultérieurement contestée, il demeure que le poids de l'économie provinciale au sein de la fédération canadienne fléchit. En 1942, le Québec contribuait pour 26,6 % à l'activité productive canadienne. En 1959, cette part n'est plus que de 25,6 % et cela, malgré une hausse de la valeur nette de la production. En 1942, l'Ontario produisait 40,4 % de la valeur nette de la production canadienne. Quinze ans plus tard, cette part grimpe à 42,4 %. En valeur absolue, la production ontarienne passe de 2 529 millions de dollars en 1942 à 7 941 millions de dollars en 1959 [25]. Le phénomène du déclin de l'influence économique du Québec apparaît plus inquiétant dans la mesure où il adopte un profil sectoriel (industrie lourde, technologiquement plus évoluée, etc.) qui amplifie les avantages ontariens.

TABLEAU **4.8**

Évolution des parts du Québec et de l'Ontario dans l'industrie primaire et de transformation canadienne, 1929-1959 (en pourcentage)

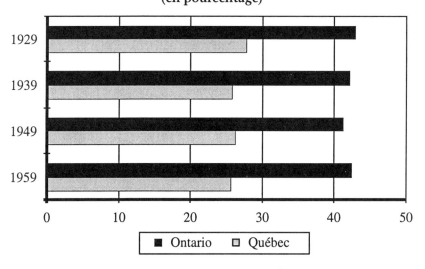

Source : *Annuaires statistiques du Québec.*

La question, pour l'intelligentsia québécoise, n'est plus de savoir ce qu'il est possible de développer sur des bases strictement francophones, mais de comprendre la dynamique de l'économie canadienne et des liens d'interdépendance qu'elle impose à ses régions.

« La plupart des industries de quelque importance, même celles qui sont exclusivement canadiennes-françaises, doivent écouler une partie de leur production dans les autres provinces ou à l'étranger.

Ainsi, dans une large mesure, la prospérité de notre province dépend :

a) du maintien de nos débouchés commerciaux dans les autres provinces et pour certaines industries à l'étranger ;

b) du maintien de capitaux suffisants pour assurer l'exploitation profitable des usines actuelles ;

c) de l'apport des capitaux nouveaux nécessaires à l'utilisation des ressources naturelles et à la création d'industries nouvelles en nombre suffisant pour fournir de l'emploi à l'ensemble de la population[26]. »

Par ailleurs, cette intelligentsia voit resurgir quelques vieux démons avec la reprise en force des investissements étrangers, surtout au cours des années 1950. De 111 millions de dollars en 1953, le total annuel net des investissements étrangers au Québec passe à 335 millions de dollars en 1957, fléchit légèrement à 269 millions en 1958 et remonte à 358 millions en 1960 [27]. Jamais depuis la guerre et jamais plus par la suite, la rentrée de capitaux n'atteindra, toutes proportions gardées, un tel rythme. Le gouvernement Duplessis fait la sourde oreille aux récriminations des promoteurs, des industriels et des financiers soucieux de préserver ce qui reste d'influence aux entreprises francophones.

Paradoxalement, alors même qu'on importe du capital, la communauté québécoise est victime d'une hémorragie financière dont on appréhende à peine l'ampleur. Dans une étude produite pour le compte du groupe Gamma, François Moreau [28] découvrira au cours des années 1980 que le Québec était en fait, à l'époque, un exportateur de capitaux. Pendant les années 1950, le drainage de l'épargne québécoise touche des sommets inégalés. En 1952 et en 1954, la sortie nette de capitaux atteint 35 % des recettes totales des institutions financières.

Bref, s'il faut reconnaître avec Alain Noël que la si.. du peuple s'améliore [29], le dossier de l'infériorité économiqu. demeure à l'ordre du jour. La question de l'arrimage entre la modernité économique et la culture du peuple français d'Amérique demeure, elle aussi, sujet d'actualité. Dans un article d'Esdras Minville publié par Jean-Charles Falardeau en 1953, l'économiste s'interroge à nouveau sur les menaces que la révolution industrielle fait planer sur le peuple « faible » du Canada français. Il faut accepter l'industrialisation, dira-t-il, mais dans le respect des institutions, des valeurs humaines et des solidarités communautaires [30]. Comment faire primer le sens de l'homme et le sens communautaire sur le sens des affaires, tout en prenant une place grandissante dans l'univers des affaires? La réponse à cette question, qui prendra quelques années à venir, jettera les fondements de ce que le modèle économique québécois aura de plus original, soit sa capacité d'intégrer des formes de la société corporatiste des années 1950 à un projet d'émancipation économique. On aura compris que ce projet ne pouvait se limiter à la reproduction du modèle américain fondé sur la réussite personnelle. Il allait être, dans son essence, communautaire.

► **La remise en question du modèle duplessiste**

Dans ce contexte, plusieurs intellectuels remettent progressivement en question certains tabous du libéralisme économique et critiquent l'approche gouvernementale québécoise. La contestation ne prend toutefois sa pleine vigueur qu'avec la dégradation de la situation économique dont le Québec fait les frais pendant la récession de 1957-1961.

Au journal *Le Devoir* et à *Cité libre*, principaux foyers de cette contestation, le « laisser-faire » du gouvernement en matière d'économie est jugé inacceptable, surtout lorsqu'il est question de capitaux étrangers. La dégringolade du pouvoir économique francophone devient visible, au point où plusieurs supporteurs du régime prendront progressivement leurs distances face au pouvoir et joindront les rangs de la dissidence.

Aussi n'est-il pas étonnant que de fervents nationalistes, comme messieurs Melançon, Minville et Angers notamment, se prononcent de plus en plus ouvertement en faveur de l'interventionnisme étatique. L'hérésie atteint des proportions inégalées chez Roland Parenteau. Étudiant les causes de « l'infériorité économique des Canadiens français », ce dernier constate l'inefficacité des institutions politiques québécoises et critique très ouvertement le non-interventionnisme [31]. Parenteau propose notamment de civiliser la pénétration du capital étranger et d'utiliser les moyens dont dispose l'État québécois pour promouvoir le développement des milieux d'affaires francophones[32].

L'instauration, en 1954, de l'impôt provincial ne pave-t-elle pas la voie à une gestion étatique proprement québécoise? L'État est perçu comme la solution à plusieurs problèmes. Il représente entre autres un moyen de lancer un nouveau type de développement qui devrait permettre de contrôler le capital étranger. Ce point de vue est partagé par un nombre grandissant d'entrepreneurs locaux, et l'opinion d'Errol Bouchette près d'un demi-siècle plus tôt (voir chapitre 1) sur le caractère essentiel de l'engagement économique de l'État devient maintenant une évidence.

Comme dans le reste du Canada, plusieurs Québécois remettent aussi en question la domination américaine et se font l'écho du rapport Gordon qui propose une politique économique canadienne beaucoup plus nationaliste[33]. Bien que l'ait écarté le cabinet fédéral, ce rapport ne sera pas étranger à l'adoption d'un train de mesures qui préfigure la dynamique fédérale des années 1970 : modification de la Loi sur les compagnies d'assurances canadiennes et britanniques (1957), limitation à 25 % de la part étrangère dans les sociétés de radiodiffuseurs (1958), accords Diefenbaker-Eisenhower (1958), accords Basford-Mitchell (1959), création du programme Calura (1962) obligeant les filiales étrangères à rendre publics certains renseignements, etc.

▶ L'exemple venu d'Ottawa

Les forces contestatrices n'ont pas à chercher bien loin leur nouveau modèle : elles le trouveront sur la berge ontarienne de la rivière Outaouais. En effet, à partir de la guerre, l'État fédéral subit d'importantes transformations. L'interventionnisme étatique progresse à grands pas. La création d'organismes comme la Société centrale d'hypothèque et de logement, la multiplication des subventions et des sociétés fédérales[34], la création de nouveaux programmes sociaux touchant le chômage, la formation de la main-d'œuvre, les allocations familiales et les pensions de vieillesse[35], en plus de travailler à la mise en place d'un nouveau filet de sécurité sociale, contribuent à l'instauration d'un régime de gestion de l'économie centré sur la machine d'État qui déborde rapidement le strict terrain social pour s'engager sur des sentiers plus directement liés au domaine des affaires.

Surtout à la fin des années 1950, le gouvernement fédéral met de l'avant une série de programmes dont l'effet premier est d'accroître son pouvoir d'intervention directe dans l'économie[36]. La Voie maritime du Saint-Laurent est inaugurée en 1958, l'accord de production de matériel militaire Canada/États-Unis est conclu en mai 1959. Donnant suite au rapport Borden, la politique nationale du pétrole voit le jour au début des années 1960. Mentionnons également l'action fédérale dans le domaine du gaz, et l'appui à la construction d'un gazoduc est-ouest en 1956. Soulignons l'apparition des premiers programmes d'aide aux régions en difficulté et l'accroissement substantiel dont bénéficient, en 1958-1959, les budgets d'aide au tiers-monde introduits par le Plan Colombo.

Telle que conçue par les parlementaires d'Ottawa, la lancée interventionniste de la fin des années 1950 s'inscrit dans la tradition de la *National Policy* et des travaux de la Commission Rowell-Sirois. Les cabinets de Saint-Laurent et de Diefenbaker privilégient une intervention centrée sur la mise en valeur du territoire, problématique articulée principalement sur le développement de l'Ouest et la pleine utilisation de la capacité industrielle de l'Ontario.

D'une intervention à l'autre, les réactions se font de plus en plus nombreuses au Québec et suscitent des inquiétudes sur la part des projets fédéraux qui sera allouée à la province. Ainsi constate-t-on avec consternation que seulement 30 % (!) des sommes versées par la Banque d'expansion industrielle sont destinées à des firmes du Québec. L'attitude fédérale en matière de partage des ressources fiscales achève de convaincre les milieux sensibles à la situation économique québécoise d'intervenir plus fermement et plus massivement en vue de redresser une situation dont ils ont le sentiment d'être les victimes.

L'intransigeance des dirigeants d'Ottawa se traduira, à la conférence fiscale d'octobre 1959[37], par leur refus répété d'accroître la part provinciale. Dans ce qui sera un des derniers soubresauts de l'Union nationale, le cabinet de Paul Sauvé (qui prend la direction du gouvernement québécois après la mort de Maurice Duplessis), réagit en décidant d'enclencher une révision de la politique québécoise qui vise la construction d'un État provincial fort. «Désormais», dira-t-il, pour signifier sa rupture avec la politique du vieux chef.

► Vers un projet plus interventionniste et plus nationaliste

À partir du milieu des années 1950, les fondements du régime duplessiste se fissurent sérieusement dans un contexte qui n'est déjà plus celui de la croissance sans limites. En fait, une courte récession en 1954 est suivie d'un ralentissement de l'économie plus sérieux qui s'amorce au troisième trimestre de 1956 pour se prolonger jusqu'au début de 1961. À l'échelle canadienne, de 6 % en 1956, le chômage atteint 9,2 % en 1961. Le rythme des faillites commerciales s'accélère et croît à des taux de progression annuels oscillant entre 22 % et 24 % entre 1957 et 1962. Pendant quelques années, la communauté fera face à un problème de stagflation dont le caractère structurel se révélera avec plus d'acuité au cours des années 1980.

Plusieurs entreprises francophones, surtout en région où le chômage fait de véritables ravages, subissent les contrecoups de cet arrêt imprévu de la croissance économique. Fermetures, mises à pied et prises de contrôle viendront s'ajouter aux problèmes chroniques de financement et de développement de nouveaux marchés. Ainsi, l'acquisition de 98 % des actions de

Catelli, devenue une entreprise symbole, par des intérêts étrangers en mai 1959 provoque une prise de conscience de la vulnérabilité des assises de la classe d'affaires francophone. En quelques mois seulement, 8 des 26 entreprises sous contrôle francophone cotées en bourse sont cédées à des intérêts anglo-canadiens ou étrangers. La récession place à nouveau le capital francophone devant la menace d'être décapité.

La contestation sociale s'élargit également. La grève de Murdochville, qui en suit d'autres aussi spectaculaires comme celle de l'amiante et celle de Louiseville, contribue à accélérer l'éveil d'une conscience ouvrière et sociale qui prend acte de son incompatibilité profonde avec le régime en place.

Une partie de l'élite intellectuelle vient gonfler les rangs de la contestation. La plus célèbre critique demeure très certainement celle que publient les abbés Dion et O'Neil au lendemain de l'élection de 1956[38]. D'autres dénoncent l'attitude outrancière du régime, son inaction sociale et sa fidélité entêtée à des valeurs économiques dépassées[39].

Dorval Brunelle rappelle qu'une alliance entre les forces revendicatrices et les entrepreneurs locaux, de plus en plus insatisfaits de la gestion duplessiste, se constitue en vue de changer le régime. Une collaboration qui s'explique, précise-t-il, « [...] par la nécessité d'abattre le régime et changer le système [... et] par la nécessité de sabrer les bases économico-politiques des élites traditionnelles, c'est-à-dire par la nécessité de soumettre tous les appareils de production de services à la rationalité capitaliste de production et, par conséquent, de détruire les formes plus ou moins bâtardes de production sociale qu'ils se trouvaient à perpétuer[40]. »

Il reste à définir un projet de rechange crédible qui permette d'enfourcher à la fois les chevaux de bataille de la bourgeoise mécontente ou inquiète et ceux des franges contestataires issues des milieux populaires ou intellectuels. Ce projet commence à s'échafauder au milieu des années 1950 en s'appuyant sur de vieilles revendications, comme la reprise en main de l'économie, et de plus nouvelles comme la mise en place d'un État moderne, c'est-à-dire doté d'outils d'intervention pouvant soutenir un développement plus civilisé, mieux planifié et suffisamment armé pour contrer les menaces économiques venues de l'extérieur.

Il n'en faudra pas plus pour lancer le débat sur la place publique. Le congrès des chambres de commerce de 1956 soulève la question de l'intervention étatique et de la croissance de l'appareil d'État. L'État fédéral mis en place à la faveur de la guerre ne démontre-t-il pas l'utilité d'un État moderne? Le Québec ne devrait-il pas s'empresser d'abandonner ses positions défensives et se fixer pour tâche de construire en fonction des intérêts propres à la province et à ses élites? Michel Brunet écrit en 1960 :

« Le progrès et l'avenir de celui-ci [le Canada français] reposent sur le vouloir-vivre collectif des Canadiens français et des institutions qui sont directement à leur service. Parmi celles-ci, la première place revient à l'État du Québec. Le jour où la plupart des dirigeants canadiens-français auront compris quel rôle éminent l'État québécois peut et doit jouer dans l'orientation de toute la collectivité, le patriotisme canadien-français aura franchi une étape importante de son évolution[41]. »

Cette promotion tous azimuts de l'État inquiète cependant quelques entrepreneurs influents qui considèrent déjà que la progression fulgurante de la machine gouvernementale fédérale leur a compliqué la vie en plus d'ouvrir la porte à un dirigisme qui sape la liberté d'entreprise. Seuls quelques entrepreneurs, comme Gérard Parizeau, le père de l'ex-premier ministre Jacques Parizeau et le fondateur du groupe Sodarcan, se disent prêts à pactiser avec le secteur public pour faire avancer la cause francophone[42]. Dans les cercles de réflexion proches des milieux d'affaires, on se fera donc plus volontiers les promoteurs d'autres formules. François-Albert Angers, Esdras Minville, Jacques Mélançon et d'autres prônent une série de mesures allant du retour à « l'achat chez nous » à la création de grandes entreprises sous contrôle francophone, en passant par la modernisation des conseils d'administration pour donner naissance à des entreprises adaptées au monde moderne. La fondation de sociétés de gestion et l'établissement de fonds mutuels font également partie de cette série de mesures. Minville avait déjà signalé en 1950 que la solution du problème économique canadien-français tenait à deux conditions :

« (1) Que nous acquérions le plus tôt possible une chaîne d'entreprises assez nombreuses et puissantes pour assurer en permanence de l'emploi et des conditions raisonnables de vie à toutes nos forces de travail disponibles [...] (2) Que dans leurs modalités concrètes et leurs relations entre elles et la société, ces entreprises respectent l'esprit de notre culture[43]. »

Cet appel à l'affirmation économique gagne à nouveau en pertinence et Louis-A. Belisle propose, pour contrer les monopoles étrangers, non plus de tourner le dos à leur approche du développement, mais de les imiter[44]. Dans son rapport annuel de 1960, la Banque d'épargne affiche des couleurs qui montrent bien l'ampleur du brassage d'idées qui vient de s'amorcer.

« L'industrie manufacturière, dans la plupart des secteurs, est déjà passée sous le contrôle étranger ; seuls, la sidérurgie, les textiles et les breuvages restent encore entre les mains des Canadiens. Nos voisins [l'Ontario] ont pris une avance dans l'industrie automobile, et nous n'y jouons pratiquement aucun rôle ; le caoutchouc, le pétrole, le gaz, les mines, la métallurgie sont dominés par le capital étranger ; nous ne possédons même qu'un intérêt minoritaire dans l'industrie de la pâte et du papier, où le Canada figure pourtant comme le plus puissant producteur du monde en raison de l'abondance de ses produits forestiers. N'y a-t-il pas lieu de réviser sérieusement nos objectifs, en présence d'une prospérité qui dissimule mal le danger d'asservissement que nous consentons à courir[45] ? »

Une idée lancée par Jean Delage en 1948[46], puis reprise par d'autres au milieu des années 1950, semble ouvrir des perspectives prometteuses : il faut créer des banques d'affaires. Conçues sur le modèle des conglomérats financiers et industriels européens, elles pourraient favoriser l'établissement d'entreprises influentes susceptibles de servir de levier de croissance à l'ensemble de la communauté d'affaires. Mélançon écrit :

« La banque d'affaires, avec le temps, pourra représenter une concentration de capitaux qui signifiera en retour une influence importante dans le milieu économique canadien-français [...] Cinquante entreprises ayant un capital de un million de dollars chacune n'ont pas l'influence sur le milieu économique d'une seule entreprise ayant un capital de cinquante millions[47]. »

Avec la création des Placements collectifs, un premier projet, timide, voit le jour en 1956. En 1957, les chambres de commerce du Québec appuient l'idée et préconisent la mise en chantier d'un projet d'envergure qui se concrétise le 29 janvier 1958 avec la création de la Corporation d'expansion financière (Corpex). Le gratin des milieux d'affaires est invité à se joindre au conseil d'administration de l'organisme. Des représentants de plusieurs familles (Forget, Brillant, Bienvenu, Masson, Forand et Simard notamment) acceptent l'invitation, faisant ainsi de ce projet un des plus grands symboles du renouvellement de l'entrepreneuriat francophone. Corpex est unique en son genre dans la mesure où l'organisme réussit à mettre en contact, au sein d'un même conseil d'administration, des hommes d'affaires provenant de toutes les zones actives de l'économie locale. La nouvelle banque d'affaires devient également le lieu de convergence de la plupart des institutions financières d'importance créées dans les dernières années de la décennie 1950, comme Les Placements collectifs, la Corporation de gaz naturel, Cofomo et la Compagnie nationale de gestion.

Il ne fait aucun doute que Corpex contribue à briser l'isolement et que, dans ce sens, elle pave la voie aux expériences plus téméraires des années 1960[48]. Mais Rome ne s'est pas bâtie en un jour, Corpex non plus. Dotée au départ de modestes moyens, la nouvelle entreprise ne peut compter en 1960 que sur des avoirs de 2,2 millions de dollars. Le levier n'est pas encore assez puissant, et c'est avec un regret non dissimulé que plusieurs représentants des milieux d'affaires voient gagner en popularité l'idée de recourir à l'État pour mieux s'armer en vue de relever les défis de la modernité, incluant celui de reconquérir le terrain perdu dans le contrôle de l'économie québécoise.

Les revendications de l'opposition, y compris celles de ses véhicules extra-parlementaires, se cristallisent très rapidement sur le principe de mettre en place un État capable de mieux planifier le développement économique. Avant l'élection de 1960, il était donc déjà entendu que la conception du développement économique prônée par le gouvernement Duplessis avait fait son temps et que l'avenir allait se bâtir en s'appuyant de façon plus décisive sur le secteur public. Il restait toutefois à définir les modalités de l'interventionnisme étatique et à déterminer la place allouée au secteur privé.

► Où en est l'entreprise francophone ?

Laissons à André Raynauld le soin de nous éclairer sur ce que représente l'entreprise francophone du Québec en cette veille de la Révolution tranquille.

En ce qui concerne le capital francophone, constate le chercheur dans une étude qui est devenue un grand classique de l'histoire économique du Québec, l'état de santé de l'économie québécoise est tout à fait satisfaisant. La question de la présence francophone dans les milieux d'affaires est plus complexe à analyser. L'échantillon d'entreprises sur lequel se penche Raynauld révèle une présence francophone dans plus de 50 % des conseils d'administration. Pas moins de 21,7 % de ces entreprises ont un conseil d'administration composé exclusivement de francophones. L'auteur ne peut s'empêcher de signaler son étonnement.

« Nous avouerons que ces résultats sont plus favorables à la communauté canadienne-française que nous l'avions cru. Et même s'il est impossible de le démontrer rigoureusement, ces résultats révèlent un progrès sensible sur la situation qui existait en 1936 quand M. Victor Barbeau a publié *Mesure de notre taille*[49]. »

Il n'y a cependant pas de quoi pavoiser. Raynauld constate que, dépassé dans presque tous les secteurs par les capitaux anglo-canadiens et étrangers, le capital francophone est à la tête des établissements les plus petits, jouit de la plus faible productivité, exporte le moins et verse les plus bas salaires. L'entreprise francophone, note Raynauld, n'a de poids véritable qu'en région.

« Cette présentation permet de constater que, par comparaison, le groupe canadien-français est dans l'ensemble le partenaire du "tiers" ordre, et qu'en dépit d'une certaine concentration de ses investissements, [...] il ne domine, l'industrie du bois mise à part, dans aucun des secteurs considérés[50]. »

L'analyse du secteur financier révèle, quant à elle, une situation qui reflète sans équivoque la réalité québécoise. Faible dans l'assurance, les fiducies, les sociétés de crédit et le courtage des valeurs mobilières et boursières, le capital francophone n'a de poids significatif que dans le secteur bancaire et, bien sûr, dans les caisses populaires.

Triste bilan dont les manifestations sont la marginalité et la périphérisation économiques. Mais les germes du changement ont été semés, et c'est dans un objectif de renouvellement que les principaux dirigeants des milieux d'affaires francophones participeront à la réforme de la société québécoise qui s'annonce.

TABLEAU **4.9**

Comparaison du nombre d'employés dans les établissements sous contrôle francophone, anglophone canadien et étranger des divers secteurs de l'industrie de la fabrication, 1961 (en pourcentage)

	Francophone	Anglophone canadien	Étranger
Aliments et boissons	28,8	43,2	28,0
Tabac	0,9	31,2	67,9
Caoutchouc	8,2	39,9	51,9
Cuir	48,1	48,3	3,6
Textile	3,2	72,0	24,8
Bonneterie	14,2	70,5	15,3
Vêtement	11,0	86,3	2,7
Bois	63,8	29,7	6,5
Meuble	31,5	61,7	6,8
Papier	8,9	50,5	40,6
Imprimerie et édition	19,4	73,7	6,9
Première transformation des métaux	3,8	19,2	77,0
Produits métalliques	17,3	50,5	32,2
Machinerie	14,9	11,5	73,6
Matériel de transport	7,2	15,9	76,9
Appareils électriques	4,5	61,6	33,9
Produits minéraux non métalliques	7,7	65,4	26,9
Produits du pétrole			100,0
Produits chimiques	3,6	21,7	74,7
Divers	20,1	40,0	39,9

Source : Raynauld, André. *op. cit.* p. 86.

T<small>ABLEAU</small> **4.10**

Comparaison du nombre d'employés dans les établissements sous contrôle francophone, anglophone canadien et étranger dans l'ensemble de l'industrie de la fabrication, 1961 (en pourcentage)

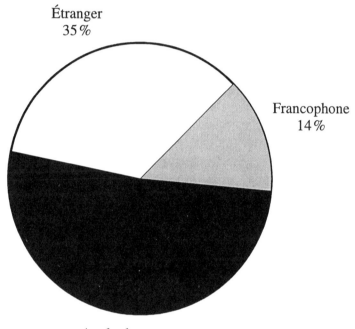

Étranger
35 %

Francophone
14 %

Anglophone
canadien
51 %

Source : Idem.

▶ Notes

1. Rosario Bilodeau *et al.*, *Histoire des Canadas*, Montréal, Hurtubise HMH, 1975, p. 567.
2. *Annuaires statistiques du Canada*, 1941-1960.
3. Carol Jobin, *Les enjeux économiques de la nationalisation de l'électricité (1962-63)*, Montréal, Éditions coopératives Albert St-Martin, 1978.
4. La Commission Tremblay sera mise sur pied en 1953 afin de répondre aux arguments de la Commission Rowell-Sirois. Le rapport de la Commission Tremblay opposera à la centralisation d'inspiration keynésienne une approche centrée sur une autonomie provinciale d'inspiration plus libérale.
5. Gérard Boismenu, *Le Duplessisme. Politique économique et rapport de force, 1944-1960*, Montréal, Presses de l'Université de Montréal, 1981.
6. Gilles Bourque et Jules Duchastel, *Restons traditionnels et progressifs, une analyse politique des discours de budget de l'Union nationale 1936-1960*, Montréal, Presses de l'Université de Montréal, 1987.
7. « L'industrie de la guerre et les nôtres », *Revue Commerce,* septembre 1943.
8. Voir André Raynauld, *Croissance et structure économique dans la province de Québec*, Québec, ministère de l'Industrie et du Commerce, 1961.
9. Voir André Raynauld, *idem.*
10. Jean-G. Lamontagne, « Regard sur l'API depuis sa fondation », API, *Rapport annuel 1956*, 1957.
11. Certains industriels sont d'ailleurs devenus les « poteaux » de Duplessis dans les conseils d'administration des monopoles. C'est le cas de l'homme d'affaires Alphonse Raymond, propriétaire et président d'une fabrique de conserves achetée avec ses frères en 1905. Celui-ci est rapidement devenu un des entrepreneurs les plus en vue de la région montréalaise, puis de la province, et une des figures de proue du capital local. Il siège à plusieurs conseils d'administration dont ceux du Montreal Refrigerating and Storage, de la Banque canadienne nationale, de Catelli, de la Cie d'assurances du Canada contre l'incendie, et à la présidence de La Prévoyance (1937). Mais A. Raymond est également duplessiste. Nommé membre du Conseil législatif en 1936, dénié en 1939, il refera surface à titre de président après la réélection de Duplessis. Or, Alphonse Raymond est un des promoteurs du développement des ressources naturelles du Québec et un des plus fervents défenseurs des investissements étrangers. Alphonse Raymond siègera, après la Seconde Guerre mondiale, aux conseils d'administration de la Noranda Mines Ltd., de Noranda Copper and Brass Ltd., de Hollinger Consolidated Gold Mines Ltd., de Québec North Shore and Labrador Railway et de Gaspé Copper Mines Ltd. Ce cas nous semble révélateur dans la mesure où, en un seul homme, s'exprime toute la complexité du développement économique et de la place qu'y occupent les entrepreneurs locaux.
12. Voir Gilles Bourque et Anne Légaré, *Le Québec. La question nationale,* Paris, Maspero, 1980.
13. Voir Maurice Saint-Germain, *Une économie à libérer : le Québec analysé dans ses structures économiques*, Montréal, Presses de l'Université de Montréal, 1973.
14. Voir les *Biographies Françaises d'Amérique*, Montréal, Les journalistes associés, 1942, p. 125.
15. Paul H. Guimont, « Le placement industriel au Canada français », dans René Bédard, *op. cit.*
16. Jules Bélanger, *Jean-Louis Lévesque*, Montréal, Fides, 1997.
17. Yves Bélanger, *Les entrepreneurs dans l'industrie québécoise de la construction*, (Thèse M.A.), Montréal, département de science politique, UQAM, 1979.
18. Ces exemples sont tirés de la chronique « L'homme du mois » de la *Revue Commerce.*
19. La Sauvegarde compagnie d'assurance, *Rapport annuel*, 1951.
20. On compte 111 caisses urbaines en 1940, 214 en 1950 et 368 en 1955.
21. Paul-André Linteau, « L'expansion des caisses populaires à Montréal », *Coopérative et développement*, vol. 24, n° 2, 1992-93.

22. Statistique Canada. *Données de recensement* 1941, 1951 et 1961.

23. Toutes les familles, sauf J.L. Lévesque, ont entrepris leurs activités à la fin de XIXᵉ et au début du XXᵉ siècle. Leurs empires respectifs ne se sont toutefois constitués qu'à partir des années 1930-1940.

24. Dorval Brunelle, *La désillusion tranquille*, Montréal, Hurtubise HMH, 1978.

25. *Annuaires statistiques du Canada, op. cit.*

26. René Morin, « Considération sur la vie économique du Québec », *Actualité économique*, vol. ll, nᵒ 1, novembre 1944, p. 39.

27. Voir François Moreau, *op. cit.*, p. 118.

28. François Moreau, « Les flux de capitaux Québec-extérieur », dans Prospective socio-économique du Québec, première étape, Sous-système extérieur (3), Dossier technique (3.1). *L'environnement international et le rôle du Québec dans la division du travail*, Québec, Office de planification et de développement du Québec, 1977.

29. Alain Noël, « Le chomage en héritage », dans Alain G. Gagnon, *Québec : État et société*, Montréal, Québec/Amérique, 1994.

30. Esdras Minville, « Conditions de notre avenir », dans Jean-Charles Falardeau, *Essai sur le Québec contemporain*, Québec, Presses de l'Université Laval, 1953.

31. Roland Parenteau, « Quelques raisons de la faiblesse économique de la nation canadienne-française », *L'Action nationale*, vol. 45, nᵒ 4, 1955.

32. Roland Parenteau, « L'émancipation économique des Canadiens français », *L'Action nationale*, vol. 49, nᵒ 10, 1960.
Jacques Parizeau, « Les investissements U.S. sont-ils devenus une menace ? », *Actualité économique*, vol. 32, nᵒ 1, 1956.

33. Gouvernement du Canada, Commission royale d'enquête sur les perspectives économiques du Canada, *Rapport final*, Ottawa, Imprimeur de la Reine, 1957.

34. Plusieurs nouvelles sociétés d'État viennent rejoindre le CN (1919), Radio-Canada (1932) et Air Canada (1937) dans les années 1949-1950. C'est notamment le cas de la Société pour l'expansion des exportations (SEE) (1944), d'Eldorado nucléaire (1944), de la Banque fédérale de développement (1944), de la SCHL (1945), de Téléglobe Canada (1950), de l'Administration de la voie maritime du Saint-Laurent (1954), d'Énergie atomique du Canada (1952). Voir à ce chapitre Jorge Niosi, *La bourgeoisie canadienne*, Montréal, Boréal Express, 1980.

35. Voir Michel Pelletier et Yves Vaillancourt, *Les politiques sociales et les travailleurs, op. cit.*

36. Yves Vaillancourt, *Les politiques sociales au Québec de 1940 à 1960*, Montréal, Presses de l'Université de Montréal, 1988.

37. Paul Clément, *Les ententes fiscales entre le Québec et le gouvernement fédéral depuis 1940*, (Thèse M.A.), Québec, Université Laval, 1983.

38. Gérard Dion et Louis O'Neil, *Deux prêtres dénoncent l'immoralité politique dans la province de Québec*, Montréal, Comité de moralité publique, 1956.

39. Les formes de l'intervention sociale sous le gouvernement de l'Union nationale vont préserver les formes du contrôle privé. Voir Yves Vaillancourt, *Les politiques sociales et les travailleurs*, Montréal, Presses de l'Université de Montréal, 1988.

40. Dorval Brunelle, *op. cit.*, p. 50.

41. Michel Brunet, « L'État du Québec comme moyen d'émancipation », *LeDevoir*, 29 janvier 1960.

42. Voir notamment Gérard Parizeau, *Évolution de la pensée sociale au Canada français : Étienne Parent, Léon Gérin, Errol Bouchette, Édouard Montpetit, Présentation*, Société royale du Canada, section française, nᵒ 14, 1959-1960, p. 15-31.

43. Esdras Minville, « L'aspect économique du problème canadien-français », *L'Actualité économique*, nᵒ 1, avril-juin 1950.

44. Louis-A. Bélisle, « Solidarité économique », dans *Prise de conscience économique*, Conseil d'Expansion économique, 1960.

45. Banque d'épargne de la cité et du district de Montréal, *Rapport annuel 1960*, Montréal, 1961, p. 2.

46. Jean Delage, «Les banques d'affaires», *Bulletin de la chambre de commerce de Montréal,* n° 8, août 1948.
47. Jacques Mélançon, «Rôle et financement d'une Banque d'affaires», *L'Actualité économique,* n° 3, octobre-décembre 1956, pp. 464-465.
48. Dorval Brunelle, *op. cit.*
49. André Raynault, «Les problèmes économiques de la province de Québec», dans R.J. Bédard, *L'essor économique du Québec*, Montréal, Beauchemin, 1969, p. 189.
50. André Raynault, *La propriété des entreprises au Québec*, Montréal, Presses de l'Université de Montréal, 1974, p. 81.

CHAPITRE 5

Le passage à la grande entreprise, 1960-1975

Dans un article paru il y a quelques années, l'économiste Pierre Fréchette montrait que, malgré la récession de la fin des années 1950, l'économie québécoise continue de bénéficier d'une croissance forte jusqu'en 1975. Sous l'influence d'une série de phénomènes incluant les chocs pétroliers de 1973 et 1975, les bouleversements majeurs dans la main-d'œuvre (l'arrivée des femmes sur le marché du travail, la montée du chômage, la transformation de la structure de l'emploi, etc.) et le développement de l'économie des provinces de l'Ouest, une phase de croissance nettement plus lente prend ensuite le relais[1]. La période 1960-1975 crée un contexte favorable à la renaissance et à la modernisation de l'entrepreneuriat québécois. Nous verrons au chapitre suivant que la dynamique postérieure à 1975 placera autant l'État que la communauté d'affaires devant la nécessité de repenser les stratégies de développement.

► **L'État interventionniste prend forme, mais l'initiative demeure dans le camp de l'entreprise privée**

En 1961, l'économie s'engage donc dans une période de prospérité au moment même où est élu à Québec le gouvernement le plus interventionniste que la province ait connu depuis la Confédération. Les milieux d'affaires sont invités à s'associer au pouvoir, ce qu'ils acceptent en participant au Conseil d'orientation économique du Québec (COEQ) mis sur pied presque immédiatement après l'élection. C'est surtout au COEQ, dont le mandat est de planifier et d'aider au redressement de la situation économique, que s'élaboreront les nouvelles stratégies industrielle, commerciale et financière du gouvernement. Le COEQ deviendra donc rapidement le fer de lance de l'interventionnisme gouvernemental[2].

Pour les représentants du capital francophone, la mission du COEQ est claire : atteindre les objectifs de reprise en main de l'économie et de promotion du « maîtres chez nous », mais en laissant aux entreprises le soin de matérialiser le tout, ou presque, sur le terrain. Cette mission n'est surtout pas de se substituer aux entrepreneurs privés. Seule exception notable : ce projet de nationalisation des centrales électriques que promeut l'ex-journaliste René Lévesque devenu ministre des Ressources naturelles, projet qui contribue à reporter le gouvernement Lesage au pouvoir en 1962[3]. Mais peu d'entrepreneurs francophones y feront obstacle, dans l'espoir de tirer avantage de ses retombées.

► L'apogée des empires familiaux

Au moment même où le gouvernement met au point ce nouveau discours de relance et de soutien aux forces économiques québécoises, le noyau composé par les plus grandes entreprises familiales francophones retrouve la voie de la prospérité et apparaît comme le prétendant le plus logique au leadership de l'économie québécoise[4].

Ainsi, en 1963, par suite de l'acquisition du courtier en valeurs mobilières L.G. Beaubien, Jean-Louis Lévesque dirige un holding dont l'actif total frise les 300 millions de dollars. Du jamais vu. Bien que le groupe soit surtout constitué de PME, il accrédite l'idée que les francophones peuvent gérer et faire prospérer de grandes sociétés. Son empire financier[5], manufacturier et commercial [6] est devenu un symbole de la réussite et de l'émancipation économique des francophones. Rien ne semble pouvoir arrêter ce Gaspésien. En 1964, il déclare son intention de placer une requête en vue d'obtenir une charte bancaire fédérale et ne propose rien de moins que de fonder une nouvelle banque francophone, la Banque Trans-Canada[7].

Du côté des Brillant de la région de Rimouski, la croissance est également au rendez-vous. La nationalisation de la Compagnie de pouvoir du Bas-Saint-Laurent en 1962 dote le groupe de liquidités importantes. Aubert Brillant achète Corpex en 1964 et devient du coup un autre porte-drapeau du renouveau économique québécois. Au moment de son acquisition par Brillant, Corpex comprend huit firmes dont Les Prévoyants, G. M. Plastic, A. Bélanger, Défrostomatic et Tréco. En 1965, la « banque d'affaires » s'enrichit de l'acquisition de Simard-Beaudry, géant du secteur de la construction, lui-même résultat de la fusion de trois entreprises régionales : Simard et frères, North Shore Builders et Beaudry inc. En 1966, le holding achète La Stabilité. L'actif sous gestion franchit le cap des 80 millions de dollars (30 de plus que ce que visait Melançon dix ans plus tôt !), acquérant ainsi le statut de second groupe privé québécois en importance. Fort de ses avoirs dans Québécair, Québec Téléphone et Sogebry, Jacques Brillant, autre fils de la famille, gère lui aussi un mini conglomérat aux ramifications diverses.

La Société de gestion Sinclaire ltée, détenue par la famille Simard, connaît également ses moments de plus grand prestige. Le groupe sorellois règne sur un empire d'une trentaine d'entreprises[8]. Quant à elle, la branche la plus active du groupe Masson-Bienvenu, celle dirigée par Marc Masson-Bienvenu, amorce la construction d'un nouveau groupe financier ayant pour base la Corporation foncière de Montréal (Cofomo).

D'autres groupes familiaux tirent également leur épingle du jeu. Le groupe minier de la famille Beauchemin, les mines Sullivan, atteint son apogée en 1965-1966[9]. Flairant le succès commercial de la motoneige, la famille Bombardier lance sa production en série en 1960[10]. De 150 unités la première année, les ventes atteignent 45 000 en 1965-1966. L'entreprise de la famille Préfontaine, United Auto Parts, adopte une politique expansionniste qui pousse le chiffre d'affaires au-delà des 40 millions de dollars en six ans. À Québec, la famille Tardif (Groupe prêt et revenu) ajoute, en 1961, la fiducie à ses activités en assurance et se trouve du coup propulsée dans le peloton de tête des entreprises financières québécoises. Dans l'agro-alimentaire, d'autres organisations prospères se constituent.

Les notions d'achat et de fusion d'entreprises n'impliquent plus nécessairement l'affaiblissement de la communauté d'affaires francophone. Dans la foulée des remises en question amorcées durant la seconde moitié des années 1950, la Révolution tranquille lève une série de tabous, ce qui permet aux entrepreneurs francophones de participer à la réorganisation de la base manufacturière et commerciale du Québec. Car cette base industrielle, surtout dans le secteur manufacturier, continue de vivre un important processus de concentration qui se poursuivra tout au long des années 1960. Sans ce changement de cap entrepris au milieu des années 1950, les milieux d'affaires francophones auraient sans doute perdu le contrôle de leurs meilleures entreprises, comme cela avait été le cas avant la guerre.

TABLEAU **5.1**

Un effet de la concentration: l'évolution du nombre des établissements manufacturiers, 1960-1970

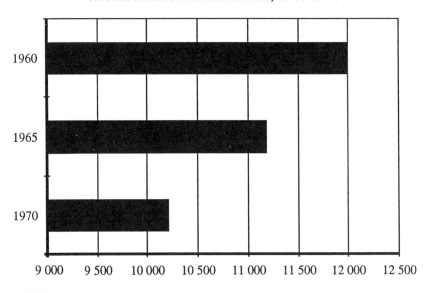

Source : Annuaires statistiques du Québec de 1962, 1967 et 1973.

Pour l'instant, rien ne semble devoir arrêter la reconquête économique. Là où l'argent manque, l'appui souvent fort peu discret du gouvernement (soutien public, promesses de contrats, etc.) aide à convaincre les institutions financières. En 1962, le Conseil d'expansion économique et la Banque canadienne nationale mettent sur pied Roynat, nouvelle banque industrielle à laquelle participent quelques institutions financières anglophones, dont la Banque Royale.

Là où la cause semble plus désespérée, l'État prend le relais. Le gouvernement Lesage crée, en 1962, sa première société d'État, la Société générale de financement (SGF), en lui confiant plus ou moins secrètement le mandat d'acheter les entreprises sans succession ou menacées de passer sous contrôle anglophone ou étranger. Dans le but de ne pas être trop mal perçue par les milieux d'affaires privés, la SGF prend la forme d'une société mixte détenue, en principe, à part égale par les secteurs privé et public.

La vague nationaliste, l'État, un meilleur soutien financier et la reprise économique aidant, les entrepreneurs, qui représentaient déjà le fer de lance de la communauté d'affaires québécoise, fondent donc un nouveau contingent d'entreprises sous contrôle francophone ayant une certaine envergure. Ces dernières pavent également la voie à une profonde transformation de la mentalité entrepreneuriale qui mènera, au cours des années 1980, à la mise en place de groupes d'envergure beaucoup plus grande. Mais tout demeure encore relatif, car le capital anglo-saxon, canadien et étranger a créé plusieurs conglomérats aux côtés desquels les nouveaux groupes québécois font encore figure de nains [11]. Dans certains secteurs et principalement dans le secteur financier, l'écart est gigantesque [12]. Mais en un certain sens « la glace est cassée ». Il deviendra maintenant envisageable, avec le soutien du gouvernement, de rattraper le terrain perdu.

► La consolidation du réseau financier : une série d'initiatives gouvernementales

La modernisation du réseau financier francophone demeure très certainement l'événement marquant des années 1960. Depuis le XIXe siècle, les milieux gagnés au nationalisme économique affirmaient l'importance fondamentale d'un accroissement du contrôle local sur l'épargne en vue de contrer la politique d'investissement des institutions canadiennes, et principalement des grandes compagnies d'assurances anglophones, responsables de l'exportation d'une partie importante des épargnes québécoises [13].

Les deux banques sous contrôle francophone, la Banque canadienne nationale et la Banque provinciale, toutes deux liées de très près au groupe de Jean-Louis Lévesque, sont les premières interpellées. Mais le conservatisme de leur gestion freine les élans patriotiques. Outre leur participation à l'expérience Roynat dont nous venons de parler et qui demeure une réponse marginale au manque de capital de risque, elles font preuve de peu d'empressement à satisfaire les besoins des milieux d'affaires. Les efforts trop limités du secteur financier privé et le dossier complexe du financement de la croissance de l'appareil gouvernemental amènent rapidement le gouvernement à prendre des initiatives [14].

La première manœuvre d'importance se traduit par la mise sur pied, en 1963, d'un nouveau syndicat financier qui remplacera le groupe Ames-Banque de Montréal (responsable des émissions gouvernementales depuis 1929), lequel s'était autorisé à boycotter deux émissions d'Hydro-Québec. Le nouveau syndicat s'appuiera sur les partenaires de Roynat, soit la Banque Royale et la Banque canadienne nationale, auxquelles s'ajouteront la maison Greenshields et un courtier francophone, René T. Leclerc. Ce syndicat sera à son tour scindé l'année suivante dans le but de diluer un peu plus le pouvoir exercé par le milieu financier sur le gouvernement.

Conscient de sa vulnérabilité, le gouvernement Lesage profite, en 1964, du projet fédéral destiné à mettre sur pied un fonds de pension public (Canada Pension Plan) pour revendiquer le droit de se doter de son propre fonds de pension. La création de la Régie des rentes en 1964 et celle de la Caisse de dépôt et placement du Québec l'année suivante lui donneront les leviers financiers dont il avait besoin. Dans sa loi constituante, dont la première esquisse est conçue par André Marier, Jacques Parizeau et Claude Castonguay [15], la Caisse hérite notamment du mandat d'intervenir pour stabiliser le marché financier québécois et d'investir une partie des sommes qu'elle gère dans le développement de l'économie québécoise et, conséquemment, les entreprises du Québec. En quelques années seulement, le portefeuille de placement dans les entreprises de la Caisse deviendra le plus important du genre au Canada [16]. La marge de manœuvre de la Caisse en matière de placement aura également pour effet d'affranchir en partie le gouvernement québécois de sa dépendance à l'endroit du capital financier canadien [17].

L'enjeu financier se cristallise également dans le dossier des caisses d'épargne et de crédit (caisses populaires). Depuis longtemps déjà, le mouvement coopératif réclamait de nouveaux pouvoirs qui lui permettraient de diversifier ses opérations et d'élargir son implantation. La réponse du cabinet arrive en 1963. Le projet de loi 8 propose une révision de la Loi des caisses d'épargne et de crédit qui autorise notamment les coopératives financières à acquérir les obligations d'autres coopératives, à souscrire aux émissions de la SGF et à se diversifier dans le marché fiduciaire.

C'est à la Commission Porter [18], mise sur pied par le gouvernement fédéral en vue de repenser la Loi des banques, que revient la responsabilité de riposter à la démarche québécoise que les banques jugent trop généreuse à l'endroit des caisses populaires. La Commission propose notamment de réassujettir les caisses à l'imposition (éliminée en 1945). Québec riposte en 1965 par l'intermédiaire de la Commission Bélanger (présidée par Michel Bélanger) en proposant le maintien de l'exemption. Deux ans plus tard, le rapport de la Commission Carter formule une contre-offre en suggérant l'adoption d'un taux d'imposition réduit.

Pour Québec, le dossier prend dès lors les dimensions d'une lutte pour la reconnaissance de sa compétence constitutionnelle sur les caisses d'épargne et de crédit. Pour se préparer à une confrontation plus musclée, il attribue, en 1965, à un groupe d'étude présidé par le sous-ministre Jacques Parizeau, la tâche d'élaborer une stratégie générale en matière de gestion des ressources financières provinciales québécoises. Plus précisément, le Comité Parizeau reçoit le mandat d'étudier la législation régissant les activités des institutions non bancaires, d'enquêter sur leurs activités, d'étudier l'impact et la pertinence d'un contrôle de la Banque du Canada sur ces sociétés et de recommander les mesures les plus aptes « à protéger l'intérêt public et à favoriser l'essor économique et industriel de la province[19]. »

Au terme de quatre années de travail, le Comité proposera plusieurs modifications législatives majeures en vue précisément de renforcer le réseau financier québécois, d'accroître sa capacité de concurrencer les banques à charte, d'y favoriser des regroupements entre les institutions et d'assurer une meilleure protection du consommateur et de l'épargnant. Le Comité suggérera notamment de créer un climat législatif capable de soutenir une plus grande concentration au sein des institutions provinciales, pour leur permettre de sortir de la marginalité économique. Le Comité Parizeau reverra également la mission de la Caisse de dépôt en proposant certaines modifications de sa charte visant l'accroissement de son rayonnement dans les entreprises, « sans pour cela que les autorités publiques lui donnent le droit général d'acheter la totalité du capital-action de toutes entreprises, ce qui reviendrait à lui donner une sorte de droit de nationalisation [20] ». Ce rapport offre aux milieux d'affaires une stratégie de développement fondée sur un partenariat entre le public et le privé encore inégalée à ce jour. Son auteur, Jacques Parizeau, y dessine la première esquisse d'une vision d'avenir centrée à la fois sur un meilleur contrôle de leur économie par les Québécois et sur une perspective d'ouverture sur le monde.

Il est difficile d'évaluer avec précision l'impact du rapport Parizeau. Non pas qu'il ait été sans suite, au contraire. La prise du pouvoir par Robert Bourassa au printemps 1970 hisse à la direction de la colline parlementaire une équipe qui se montre toutefois plus réservée en matière de nationalisme économique. Ainsi, quelques recommandations les plus osées du Comité Parizeau demeureront lettre morte. Mais les suites du rapport seront néanmoins visibles dans plusieurs secteurs de l'activité financière.

En ce qui concerne les caisses d'épargne et de crédit [21], comme nous l'avons vu plus haut, le premier geste concret remonte à 1971 avec la création de la Société d'investissement Desjardins (SID). Par ailleurs, en reconnaissant des pouvoirs accrus à la Fédération de Québec des Caisses populaires Desjardins, la nouvelle loi accélère le processus de regroupement amorcé dans le mouvement coopératif au cours des années 1960 [22]. On peut affirmer que la croissance des caisses au cours des années 1970 est en grande partie redevable à ces amendements législatifs. En cinq ans, elles se hisseront du quatrième au second rang des institutions financières avec le contrôle de 22,8 % de l'épargne québécoise, soit presque autant que les banques (24,1 %).

En 1974, le gouvernement dépose le projet de loi 7 concernant la révision de la Loi des assurances. Sous plusieurs aspects, ce projet de loi avantage également les firmes francophones.

TABLEAU 5.2

Évolution de l'actif des caisses d'épargne et de crédit, 1970-1974
(en millions de dollars)

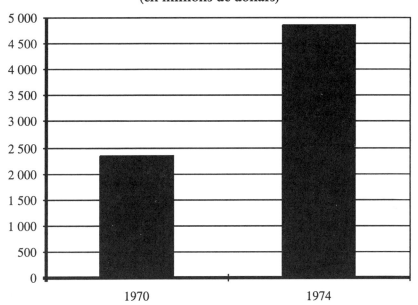

Source: Bureau de la statistique du Québec, *Statistiques des caisses d'épargne et de crédit du Québec*, Québec, 1970-1974.

Dans l'industrie des valeurs mobilières, en réponse au groupe fédéral Moore qui préconise des mesures protectionnistes favorisant le capital canadien [23], le comité provincial d'étude présidé par Louis-Philippe Bouchard proposera une série de réformes axées sur la revitalisation des courtiers francophones. En 1972, le cabinet impose enfin au syndicat financier de nouvelles modifications qui placent quatre courtiers francophones à des postes de responsabilité.

L'ensemble de ces mesures constitue l'ossature d'une politique visant essentiellement la consolidation d'un réseau financier provincial fort sous contrôle francophone, mais cette politique doit aussi mener, en théorie du moins, à la création d'un réservoir d'épargne capable de répondre aux besoins industriels requis pour la modernisation des entreprises du Québec. Nous verrons ultérieurement que ce coup de baguette magique du gouvernement ne changera pas pour autant les habitudes de placement des institutions ni des individus.

L'impact sur le réseau financier francophone n'en est pas moins considérable. En quelques années seulement, le portrait entrepreneurial du secteur financier se transforme de façon radicale. Comme en témoigne le tableau 5.3, l'analyse des liens entre les administrateurs projette l'image d'un milieu à la fois mieux organisé et plus concentré.

Mais si l'État peut prendre des initiatives aux effets si aisément mesurables, c'est en grande partie parce que, au moment où il le fait, la dynamique entrepreneuriale n'est déjà plus celle du début des années 1960.

► La chute des familles [24]

Faisant écho aux propos du directeur général de la SGF, Gérard Fillion, le journal *Le Soleil* titrait dans sa livraison du 3 avril 1964 : «La grande industrie finira par tuer l'entreprise familiale [25]». Fillion prévoyait alors que la substitution s'opérerait en vingt-cinq ans par la voie de fusions et de regroupements. Dix ans à peine suffiront pourtant à provoquer un changement complet dans le leadership entrepreneurial. Contre toute attente,

TABLEAU 5.3

Liens entre C.A. de 3 administrateurs et plus (1970)

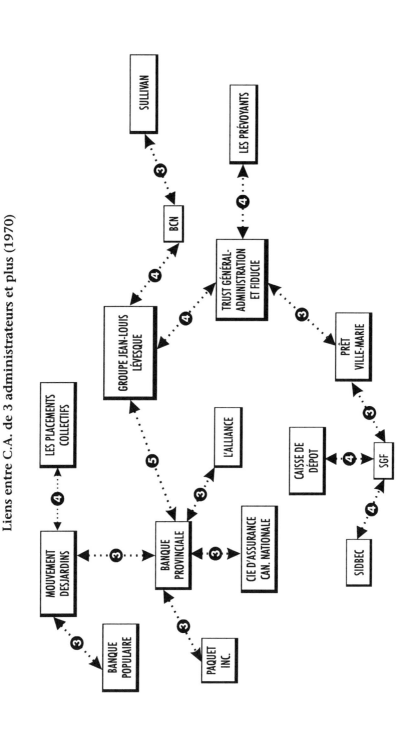

les petits empires familiaux, qui semblaient encore bien en selle au moment où Fillion lance sa mise en garde, s'effondrent l'un après l'autre en l'intervalle d'à peine quelques années.

Jean-Louis Lévesque donne le coup d'envoi en 1963 avec la vente de Dupuis frères, « le seul grand magasin à rayons canadien-français », comme le proclamait la publicité. En mai 1964, il annonce la vente de l'Industrielle à une société américaine. Grâce aux bons soins de l'éditorialiste Claude Ryan venu à la rescousse des intérêts nationalistes, l'affaire reste sur la sellette de nombreux mois et pousse le gouvernement québécois à promouvoir une formule de mutualisation mieux adaptée au maintien de la propriété francophone. En juin 1964, Lévesque prend une autre décision controversée en annonçant la fermeture de Fashion Craft qui était alors le théâtre d'une grève. La vente de la Corporation de valeurs Trans-Canada suit quelques mois plus tard. Au début de 1970, il propose enfin de vendre la société La Prévoyance à des Américains, projet à nouveau bloqué par la presse et le gouvernement. Commentant cette dernière transaction, Claude Ryan écrit dans son éditorial du 25 novembre 1971 :

> « Par un curieux retour des choses, c'est de nouveau M. Jean-Louis Lévesque qui est en cause, par le truchement de Fonds FIC, dont il est le principal actionnaire et qui est, à son tour, principal actionnaire de La Prévoyance. Ce financier génial doit aux Québécois une large partie de sa réussite. Il ne semble pas préoccupé, cependant, de réinvestir dans des activités productives, au Québec même, la fortune qu'il a accumulée : il est manifestement plus intéressé aux pistes de course de Windsor... et pourquoi pas aussi de Miami ! Est-ce ainsi qu'il entend contribuer à la création des 100 000 emplois de M. Bourassa[26] ? »

Ces événements viendront ternir l'étoile de Lévesque et en laisseront plus d'un songeur face à l'intérêt du financier à l'endroit de la protection du patrimoine entrepreneurial francophone.

En 1965, les feux de l'actualité sont cette fois braqués sur la famille Brillant. Il est maintenant question de vendre Québec-Téléphone[27]. Un groupe américain intéressé à se porter acquéreur des petits systèmes ruraux offre 25 millions de dollars pour une entreprise qui en vaut à peine le quart! La contestation entraîne l'adoption, en mars 1966, d'un projet de loi visant à casser la transaction et à imposer la tenue d'audiences publiques. La levée de boucliers nationaliste ne parvient cependant pas à renverser la décision des Brillant et la transaction est définitivement bouclée un peu plus tard dans l'année.

C'est enfin la famille Simard qui retient l'attention. À l'automne 1965, Marine Industries, le joyau de l'empire familial, est menacée de se voir retirer les subventions fédérales allouées à la construction navale. Du coup, les Simard amorcent un processus de délestage qui se matérialise dans la vente de plusieurs entreprises.

Puis les malheurs se déplacent du côté de Corpex. Tant que l'économie était au beau fixe, la banque d'affaires parvenait à présenter à ses actionnaires des bilans acceptables. La détérioration du climat économique en 1967 change tout[28]. La mauvaise tenue de Simard-Beaudry et du fabricant A. Bélanger force une restructuration du holding. Aubert Brillant cède la gouverne du groupe à Sogebry, l'autre pierre d'assise de la famille dirigée par son frère Jacques. D'autres problèmes forceront par la suite Corpex à se départir de ses avoirs dans la compagnie d'assurances Les Prévoyants et dans Québécair.

Suivra l'incroyable faillite du groupe de Marc Masson-Bienvenu, le fils de cette grande famille bourgeoise qui avait dirigé notamment la Banque de Montréal, la Banque provinciale et Catelli. Entré en affaires à 21 ans, Marc Masson-Bienvenu était parvenu, en une dizaine d'années seulement, à bâtir un groupe financier d'envergure respectable. Cofomo contrôlait le Crédit Saint-Laurent, Phenix Finance, Sterling Finance Corp., Saint-Lawrence Credit Plan, Montreal Acceptance, la Compagnie d'assurance-vie St-Laurent, Labrador Finance et Crédit M.G[29], le tout représentant un avoir estimé à 50 millions de dollars[30]. L'histoire est rocambolesque et vaut la peine d'être racontée.

Les déboires de Marc Masson-Bienvenu datent de mars 1967 quand il achète au financier torontois Sinclair Stevens un important bloc d'actions de British International Finance (BIF) dans le but de prendre le contrôle de la Banque de l'Ouest. La curieuse histoire de cette banque débute en 1962 avec le dépôt d'une demande de charte bancaire par Stevens, dont l'ambition était de profiter des ouvertures que ne manquerait pas de susciter la Commission Porter et de mettre sur pied une nouvelle institution bancaire taillée sur mesure pour le marché de l'Ouest canadien. Ayant contourné les consignes gouvernementales sur la propriété canadienne de la banque, Stevens sera dénoncé par l'ex-gouverneur de la Banque du Canada et président de la Banque de l'Ouest, James Coyne, et contraint de se départir de ses avoirs dans BIF, le holding propriétaire de la banque, mais également de quelques entreprises à la santé douteuse dont York Lambton. C'est ici qu'entre en scène un Marc Masson-Bienvenu peut-être aveuglé par l'idée de devenir banquier.

Pour éponger les dettes de York Lambton, Cofomo, le groupe de Masson-Bienvenu, fait appel au groupe Corpex, associant de facto la banque d'affaires et son principal actionnaire, Aubert Brillant, à son aventure [31]. Véritable panier de crabes, le Conseil de la Banque de l'Ouest se transforme rapidement en champ de bataille. Obligé de soutenir une institution encore sans succursale (la Banque de l'Ouest étant toujours un projet sur papier) et menacé par la précarité de York Lambton, Marc Masson-Bienvenu est finalement obligé de céder ses actions de BIF pour des broutilles [32]. Les événements se précipitent. En septembre 1967, le Québécois abandonne la direction de Cofomo, mais il est déjà trop tard. Ses associés et lui ne pourront éviter la faillite [33].

Cet épisode montre bien la vulnérabilité des entreprises privées francophones de l'époque, vulnérabilité imputable en très grande partie à l'insuffisance et aux faiblesses du réseau financier. Si Cofomo ou ses filiales avaient pu, à l'époque, recevoir l'aide de toute cette batterie d'institutions qui soutiennent aujourd'hui l'entrepreneuriat, comme la Caisse de dépôt et placement et le Fonds de solidarité, la situation aurait pu être différente.

De façon plus générale, la débandade des grandes familles amènera de nombreux intervenants de la scène économique québécoise à prendre conscience des limites objectives du secteur privé. Très peu de gens parmi l'élite politique garderont intacte leur foi dans la capacité des milieux d'affaires privés de porter ce qui était un projet de société, de devenir « maîtres chez nous ». La confiance sera minée et plusieurs se tourneront définitivement vers le gouvernement dans l'espoir qu'il jette les bases d'une stratégie plus efficace.

► L'État québécois prend le relais

« Le plus puissant moyen que nous possédons, c'est l'État du Québec [...] Si nous refusons de nous servir de notre État, par crainte ou préjugé, nous nous priverons alors de ce qui est peut-être l'unique recours qui nous reste pour survivre comme minorité. » (Jean Lesage)[34]

Ce sont donc les échecs du secteur privé qui alimentent, au milieu des années 1960, les débats sur le rôle qu'il convient d'attribuer à l'État dans la réalisation du programme économique mis en route avec la Révolution tranquille. Comme nous l'avons indiqué précédemment, les premières interventions directes sont conçues pour soutenir les entreprises privées. Parmi les plus remarquables figurent la mise en place d'une politique d'achat visant à promouvoir le développement de l'économie québécoise et la création de la SGF, dont le mandat est de préserver la propriété québécoise et de permettre à une série d'entreprises sans relève ou menacées de fermeture (comme Forano, Volcano, Marine Industries, etc.) de poursuivre leurs activités.

L'achat des entreprises d'électricité et leur intégration à la société Hydro-Québec se situent déjà sur un registre différent. L'attitude plus défensive incarnée par la SGF cède la place à une stratégie plus offensive visant la prise de contrôle d'un secteur essentiel à l'économie provinciale mais qui échappait presque totalement aux Québécois. Dans un texte récent, Roland Parenteau souligne l'apport majeur du gouvernement dans la formulation d'une politique nationaliste agressive chez Hydro-Québec[35]. Invité à commenter les réalisations de René Lévesque, Jacques

Parizeau affirmera, dans une allocution prononcée en 1994, que le but du gouvernement dans le dossier hydroélectrique était non seulement d'amorcer un processus de reprise du contrôle de l'économie par le Québec, mais aussi de restaurer le climat social et la confiance dans le système[36]. Doit-on présumer que le pouvoir se sentait menacé par des courants politiques plus à gauche? L'État «béquille», affirment les rédacteurs de la revue *Parti Pris* en 1965, s'est fixé pour tâche de «séduire le peuple, et de donner à la bourgeoisie nationale l'occasion qu'elle a perdue avec la disparition du Régime français d'exploiter ses propres ouvriers au lieu de regarder les Anglais le faire à sa place[37]. »

Mais les leaders nationalistes ont opté pour d'autres avenues de réflexion. Le document préparatoire des États généraux du Canada français choisit, en matière économique, d'interpeller la communauté sur cinq sujets, soit la législation financière et commerciale, la politique fiscale, le développement économique par la planification, la politique agricole et la monnaie; l'ordre du jour est tout entier consacré à la prise en main par Québec des leviers du développement[38].

De toute façon, Parizeau, comme les autres mandarins de la Révolution tranquille et leurs partenaires du COEQ, développent de grands projets, dont la création d'une sidérurgie gouvernementale (SIDBEC), qui vont bientôt modifier les conceptions que l'appareil gouvernemental se fait de son rôle économique et de son apport matériel. Plusieurs projets sont à l'étude. En 1964, la machine d'État se fait plus ambitieuse et formule un plan de développement provincial. La démarche relève un peu de la pensée magique selon laquelle une économie bien planifiée engendre une croissance contrôlée, un développement plus égalitaire et mène à une plus grande justice sociale. Claude Castonguay, autre mandarin de la Révolution tranquille, écrit :

«La croissance économique, et en particulier l'augmentation de la productivité et de la production, apparaît comme une condition du développement social, c'est-à-dire de la réalisation d'un meilleur système de santé, d'un régime plus complet de sécurité sociale, d'un programme de logements adéquats, etc.

Les mesures ne seront possibles que si les gains de la productivité et de la production se réalisent[39]. »

S'inspirant de la France, la mère patrie, la direction du COEQ se lance dans l'aventure de la planification. Pour assurer le relais de ses travaux sur les terrains politique et administratif, le gouvernement crée le Conseil ministériel de la planification et le Comité permanent d'aménagement des ressources. En s'appuyant sur un État provincial qui ne contrôle qu'une portion des leviers économiques indispensables à la poursuite d'une démarche de planification, l'opération est un miroir aux alouettes. Comme le rappelle la CSN dans *Ne comptons que sur nos propres moyens* : « On ne peut planifier que ce que l'on possède[40]. »

Il faudra quelques années avant que le COEQ prenne la pleine mesure des limites du gouvernement québécois et renonce à son grand projet. L'organisme est démantelé en 1968 et remplacé par l'Office de planification et de développement du Québec (OPDQ), dont le titre un peu pompeux cache mal le resserrement d'un mandat qui sera désormais axé sur les analyses sectorielles et la promotion du développement régional. Un des premiers mandats de l'OPDQ sera de donner suite aux études du Bureau d'aménagement de l'Est du Québec (BAEQ) créé en 1963, sous les auspices d'un programme fédéral, en vue de redessiner l'infrastructure sociale et économique du Bas-Saint-Laurent-Gaspésie. L'opération ne sera guère utile dans la mesure où la population s'opposera à la mise en œuvre de plusieurs recommandations du rapport, dont la plus controversée impliquait la fermeture de nombreux villages. En s'engageant dans le projet du BAEQ, le gouvernement fédéral cherchait à introduire plus de rationalité dans sa gestion régionale, affirment Pierre Hamel et Michel Boisvert [41], Québec visait de son côté à faire l'expérience du développement planifié. Mais la population remettra les pendules à l'heure de la satisfaction de ses besoins.

Le ministère de l'Industrie et celui des Richesses naturelles traversent à la même époque une période consacrée à la formulation d'une politique industrielle. Plus lente, leur démarche livre ses fruits les plus mûrs au début des années 1970. Émanant de ministères plus proches des entreprises que ne l'était le COEQ, leurs réflexions révèlent des préoccupations plus terre à terre et proposent des objectifs plus réalistes. Les documents d'orientation publiés par les deux ministères s'inscrivent par ailleurs dans la ligne plus directe des interventions du gouvernement depuis la prise du pouvoir en 1960. On fait notamment la promotion de mesures à la fois plus ponctuelles et plus susceptibles de mener à des résultats immédiats, comme ce sera le cas avec la révision de la Loi régissant la coupe de bois, où d'importantes brèches seront effectuées dans le contrôle des grands monopoles sur les forêts québécoises. De même, les deux ministères défendent divers projets d'implantation visant la mise en place de structures d'accueil des entreprises. Parmi les plus importants, il faut mentionner le Parc industriel de Bécancour institué dans le but d'élargir le pôle industriel du centre du Québec.

C'est toutefois du ministère de l'Industrie que sort en 1970 ce qui se révélera une des analyses les plus lucides de l'économie québécoise et un des projets les plus articulés sur le développement de l'entrepreneuriat francophone : *Horizon 1980*. On y lit :

« L'objectif est donc la constitution ou le renforcement d'un petit nombre d'entreprises ou de groupes de taille internationale capables d'affronter les groupes étrangers, dans la plupart des grands secteurs de l'industrie, le nombre de ces groupes devant être limité, souvent même réduit à quelques-uns[42]. »

Horizon 80 propose de travailler activement à la mise en place de grandes entreprises capables d'affronter la concurrence extérieure. À la veille de l'annonce des travaux de la baie James, l'heure n'est cependant plus à la dénonciation des capitaux étrangers. L'auteur du document préconise une plus grande ouverture d'esprit face aux investisseurs américains dans le but avoué de créer un lien direct entre les entrepreneurs locaux et l'économie continentale. Ce nouveau filon sera exploité quelques années plus tard dans un document piloté par le Conseil exécutif du gouvernement québécois et publié en 1974. Il préconise, en lieu et place, une approche favorable à « l'intégration » des sociétés multinationales à l'économie québécoise et à l'instauration de rapports centrés sur la concertation avec les élites locales[43].

TABLEAU **5.4**

Évolution des actifs des principales sociétés d'État québécoises (en millions de dollars) 1964-1980 (exercice financier se terminant le 31 mars)

	1964-1965	1969-1970	1974-1975
Raffinerie de sucre du Québec	3	3	13
SGF	22	49	201
SAAQ	37	42	71
Hydro-Québec	2 351	3 658	5 814
Caisse de dépôt		990	3 164
Sidbec		188	355
Rexfor		3	58
SOQUEM		7	42
SOQUIP		1	76
SHQ		70	491
Société du parc industriel du centre du Québec		4	20
SDI			80
Société d'administration de l'Outaouais			17
CRIQ			10
Société de développement immobilier du Québec			27
Société de développement de la baie James			52
TOTAL	**2 413**	**5 015**	**10 491**

Source : Gouvernement du Québec, *Comptes publics de la province de Québec, États financiers des entreprises du Gouvernement du Québec*, Québec, (1964-65) – (1979-80).

L'État dispose maintenant de moyens inégalés. La valeur des actifs des sociétés d'État totalise cinq milliards de dollars en 1970, comparativement à deux milliards de dollars en 1965. Elle double à nouveau entre 1970 et 1975, pour atteindre 25,8 milliards de dollars à la fin des années 1970. En 1970, Hydro-Québec figure déjà en tête de liste des plus puissantes organisations d'affaires de la province. L'actif de la Caisse de dépôt franchit le cap du milliard de dollars en 1970. Il dépassera sept milliards de dollars en 1980. Après la réforme de 1972 qui va l'affranchir de son statut de société mixte, la SGF se lance dans une opération de regroupement de sociétés qui la propulse, en quelques années seulement, à la tête d'un des plus importants conglomérats d'entreprises sous contrôle francophone. En utilisant son immense potentiel, la machine gouvernementale se dote donc en peu de temps des leviers financiers que le secteur privé a été incapable de développer.

L'État s'investit donc directement dans la formation de cette nouvelle génération de grandes entreprises francophones. Son intention n'est pas pour autant de se substituer au secteur privé, mais plutôt d'en amorcer la réforme. Dès la fin des années 1960, plusieurs organismes d'État travaillent activement à la constitution de nouvelles entreprises privées. La Caisse de dépôt est la grande responsable de la création de Provigo et de Cablevision national. Hydro-Québec soutient activement le développement des grandes sociétés d'ingénierie telles que SNC et Lavalin[44]. La révision de la Loi des caisses d'épargne et de crédit permet la création de Culinar. Le marché public et l'appui des sociétés d'État sectorielles servent de tremplin et d'outil de modernisation à une foule d'entreprises de taille moyenne, comme Normick Perron, La Vérendrye, Cascades et Tembec.

Les milieux d'affaires voient néanmoins d'un mauvais œil cet interventionnisme. Voulant reprendre l'initiative d'un processus finalement trop peu sensible à leurs intérêts immédiats, ils fondent le Conseil du patronat en 1969. Ils sautent par ailleurs sur l'occasion de se rapprocher du pouvoir que leur offre le gouvernement Bourassa en fondant le Conseil général de l'industrie, super-organisation composée de représentants de la grande entreprise et ayant pour but d'établir un contact plus direct avec les milieux d'affaires[45]. Ces deux véhicules donneront aux entrepreneurs une capacité renouvelée d'influencer le pouvoir et encourageront la formulation du discours critique sur l'État et son interventionnisme, prélude au discours antigouvernemental des années 1980.

Très terre à terre, le gouvernement Bourassa a promis 100 000 emplois et il ne voit pas comment tenir un tel engagement sans l'apport de capitaux étrangers. Il déclenche en 1971 une vaste opération de charme destinée à amener des investisseurs à s'intéresser aux projets de développement de la Côte-Nord et de la baie James. L'appel ne reçoit pas cependant la réponse attendue. Les résultats de l'enquête Fantus, commandée en 1972 et portant sur la perception que les investisseurs américains ont du Québec, tracent le portrait controversé d'une société trop militante sur les questions linguistique et syndicale.

Il est vrai que le Québec est en ébullition. Pour les militants de plusieurs milieux, la crise sociale met l'État capitaliste à nu. *Ne comptons que sur nos propres moyens* de la CSN et *l'État, rouage de notre exploitation* de la FTQ rejettent « l'État vassal de l'entreprise privée » et « l'État employeur capitaliste » pour réclamer la mise en place d'une structure publique au service des classes exploitées. Les crises provoquées par le dossier linguistique et diverses grèves, dont celle du secteur public de 1972, vont contribuer à cimenter l'opposition dans un discours radicalement opposé au pouvoir plus ou moins occulte de l'entreprise privée, ce qui poussera l'État à prendre de nouvelles initiatives.

La réaction du patronat québécois est vive. Dans *Le Devoir* du 9 novembre 1973, le président du Conseil du patronat du Québec (CPQ), Charles Perreault, écrit :

« L'État devient chaque jour envahissant et intervient de plus en plus dans la vie quotidienne de l'entreprise. Non seulement les dépenses de l'État subissent-elles la loi des rendements décroissants, mais ses interventions plus ou moins efficaces peuvent remettre en cause le fonctionnement, sinon l'existence de la petite et moyenne entreprise et décourager la grande entreprise de se lancer dans de nouveaux programmes d'expansion. [...] Après une décennie d'interventions étatiques plus ou moins heureuses dans le domaine économique, il convient peut-être de s'arrêter et même de songer à effectuer un retour à l'entreprise privée, ou à tout le moins vers la gestion privée de certains services qui pourraient continuer à émerger du budget de l'État[46]. »

Ce discours sur les bienfaits de l'entreprise privée et de la PME rompt trop radicalement avec le modèle conçu par la machine gouvernementale pour être totalement compris, mais une partie du message est néanmoins entendue. Le rapport Descôteaux, déposé en 1974 par le ministère québécois de l'Industrie et du Commerce, reconnaît une certaine dérive dans la gestion gouvernementale du dossier du développement économique et propose un coup de barre vers l'entreprise privée en suggérant notamment de ne plus chercher à favoriser la prise en charge directe du développement par les pouvoirs publics. Il suggère un accroissement des initiatives privées en concertation avec le gouvernement. Il reviendra à l'État de planifier, d'organiser et de définir les politiques, mais à l'entreprise privée de les exécuter[47].

En parfaite communauté de pensée avec le rapport Tetley qui formule au même moment la réponse québécoise à la stratégie fédérale de contrôle des investissements étrangers, Descôteaux refuse de tourner le dos aux capitaux étrangers pour privilégier une approche visant une meilleure intégration des entreprises québécoises aux réseaux internationaux. Son rapport propose une stratégie en quatre points : 1) encourager la relance de l'économie en misant prioritairement sur les ressources québécoises et principalement sur celles de l'entreprise privée ; 2) participer à l'établissement de grandes entreprises sous contrôle québécois ; 3) favoriser une plus grande interaction entre les entreprises québécoises et les sociétés étrangères ; et 4) pour atteindre ces trois premiers objectifs, utiliser au maximum les ressources de l'État provincial. C'est à cette politique de réaffirmation des grands objectifs de la Révolution tranquille que l'entreprise privée doit la place qui lui est reconnue dans plusieurs secteurs et dans la gestion de grands projets publics comme le prolongement du métro de Montréal, la phase 1 de la baie James et la construction des équipements olympiques.

► Le modèle *Québec inc.* prend corps et les entreprises francophones gagnent du terrain

Jusqu'à maintenant, nous avons insisté, et pour cause, sur la dynamique qui prend forme entre le gouvernement et l'entreprise, ce qui nous a amené à négliger d'autres aspects fondamentaux de la démarche québécoise. Il faut bien comprendre que si une minorité, celle qui compte s'enrichir, voit des intérêts particuliers dans le projet de prise en main de l'économie, l'immense majorité des Québécois qui applaudissent à la nationalisation de l'électricité, qui suivent avec intérêt le cheminement d'une Caisse de dépôt chargée d'administrer ses fonds de pension, ou qui accueillent positivement le discours sur la planification, ont d'autres préoccupations. Cette majorité veut d'abord et avant tout acquérir le droit de vivre dans sa langue et combattre la plaie du chômage qui fait des ravages croissants, notamment dans les régions. Elle souhaite également stopper la chute de son influence au sein de l'ensemble canadien, chute que la Commission sur le bilinguisme et le biculturalisme[48] a bien fait ressortir et qu'a promis de combattre Pierre Elliot Trudeau. Enfin, lasse d'être à la merci de décisions prises à New York, à Chicago ou à Toronto, elle entend avoir un mot à dire sur son environnement économique. C'est donc uniquement parce qu'elle le croit capable de satisfaire ces attentes qu'elle accepte l'idée de construire un entrepreneuriat francophone fort.

En associant le COEQ et diverses instances de réflexion des milieux syndicaux et des coopératives, le gouvernement a amené le peuple à se sentir quelque peu partenaire du processus. Si les contribuables sont de plus en plus nombreux à se reconnaître dans les projets gouvernementaux, c'est essentiellement parce que la décision gouvernementale de s'appuyer sur une coalition extra-parlementaire et sur des hommes politiques intègres a restauré une certaine confiance en l'État.

Le modèle qu'impose la Révolution tranquille tient son originalité de sa capacité de rallier des forces sociales et politiques diversifiées dans un exercice de débat et d'échange que l'on baptisera plus tard concertation, formule qui veut trouver des consensus susceptibles de renforcer la tradition démocratique et de favoriser une plus grande justice sociale[49]. Le modèle tient donc sa crédibilité de sa capacité de proposer un projet suffisamment consensuel pour se traduire dans une démarche soutenue par de larges couches de la société, y compris les différentes instances de la machine d'État beaucoup plus naturellement portées à se combattre entre elles qu'à collaborer.

La participation, par exemple, des syndicats aux séances de concertation qui se tiennent au début des années 1960 et, à travers eux, des employés qu'ils ont charge de défendre, n'a de sens que dans la mesure où l'exercice offre des possibilités d'améliorer les conditions de vie des membres et de permettre au syndicalisme d'occuper une place plus importante dans la société, bref, d'en faire un véritable partenaire du pouvoir. À cet égard, il ne fait aucun doute que les modifications aux lois du travail et la reconnaissance, acquise difficilement, du droit des employés du secteur public de se syndiquer sont perçues comme des gains. Pour ce qui est des épisodes comme la fermeture de Fashion Craft, il est moins certain qu'on voie en eux une garantie que la nouvelle base économique prônée par le gouvernement aidera à la fois la cause syndicale et celle des travailleurs.

Pour de larges secteurs de la société, syndicats compris, la mise en place d'un État de type interventionniste à qui revient la responsabilité de planifier le développement doit faire contrepoids au pouvoir despotique de l'entreprise. Aussi les oppositions du Conseil du patronat ou du Conseil général de l'industrie ne sont-elles pas reçues comme des messages positifs par tous les acteurs sociaux. Assez rapidement, dans le milieu syndical notamment, on ne verra plus d'intérêt à travailler à des mises en commun avec les employeurs, et l'État deviendra «l'État employeur», puis le «rouage de notre exploitation».

Le modèle québécois décrit au chapitre 1 éclate après la grève du secteur public de 1966. Il ne conservera qu'une existence limitée entre 1970 et 1975, et qu'à travers les réseaux informels de consultation dont était si friand Robert Bourassa. Mais tout ce que ce modèle véhiculait comme projet ne disparaît pas pour autant et l'idée de continuer à travailler à la reprise en main de l'économie par un soutien actif aux entreprises francophones est sans doute le volet du projet de transformation de la société qui se tire le mieux d'affaire. Même en 1972 et 1973, dans les heures de confrontation sociale les plus sombres, et en 1969 comme en 1975, lors des grandes luttes pour la reconnaissance de la langue d'enseignement (dont ne se préoccupait pas la bourgeoisie francophone de l'époque toujours en quête de reconnaissance dans le Canada anglais), jamais cette idée de permettre à la classe d'affaires francophone de prendre le contrôle de l'économie provinciale ne sera sérieusement remise en question.

TABLEAU 5.5

Ventilation du nombre d'établissements manufacturiers entre les différents groupes ethniques, pour quelques secteurs industriels, Québec, 1973 (en pourcentage)

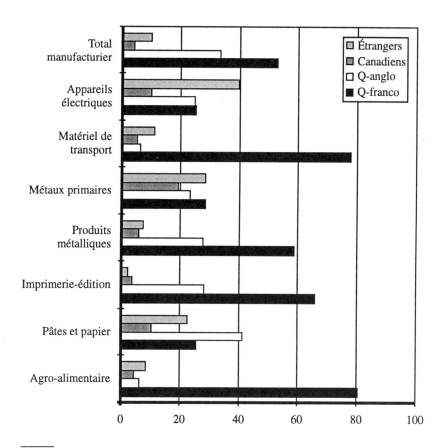

Source: Gouvernement du Québec, Ministère de l'Industrie et du Commerce, Direction des politiques industrielles, *Caractère ethnique de l'investissement au Québec,* Québec, 1973-1974, p. 41.

Les appuis accordés à la classe d'affaires francophone provoquent de grands changements que résume bien une étude interne du MIC portant sur les années 1973, 1974 et 1975. Analysant la structure et l'évolution de la propriété des entreprises manufacturières situées au Québec, le document met en relief cinq points importants :

1. La domination des Québécois francophones dans deux industries, soit le bois et le meuble. Leur forte présence dans six autres : aliments et boissons, cuir, produits métalliques, matériel de transport, minéraux non métalliques et industries diverses.

2. La croissance de la part francophone dans le contrôle de cinq secteurs : le matériel de transport (de 5,1 % en 1961 à 35 % en 1973, une hausse de 30 %) ; le caoutchouc et le plastique (de 6,3 % en 1961 à 21,4 % en 1973) ; l'imprimerie-édition (de 28,2 % en 1961 à 44,6 % en 1973 ; 700 des 1 062 firmes de l'industrie étant désormais propriété francophone québécoise) ; les minéraux non métalliques (de 15,8 % en 1961 à 32,3 % en 1973, une hausse de plus de 100 %) ; et les métaux primaires (de 7,1 % en 1961 à 21,2 % en 1973, grâce à la présence de Sidbec).

3. Cette croissance permet à la proportion des expéditions sous contrôle francophone de progresser substantiellement : de 16,4 % en 1961, elle atteint 23,4 % en 1973. La progression s'effectue au désavantage des capitaux canadiens et étrangers.

4. Les premiers résultats de la concentration industrielle se font sentir dans les troupes francophones. Le document du MIC souligne en outre le progrès des francophones au sein du groupe des grandes entreprises. Dans certains secteurs, et plus explicitement dans le bois et l'industrie de l'imprimerie et de l'édition, la recherche révèle une nette domination par les grands entrepreneurs francophones du Québec.

5. Les investissements francophones ont maintenant tendance à se concentrer géographiquement dans les régions de Montréal et de Québec. En 1973, ces deux régions accueillent 65 % des investissements, en 1974, 67 % et en 1975, 82 %.

Selons nous, ces chiffres illustrent clairement la tendance à profiter de l'aide fédérale pour relocaliser dans la région montréalaise l'industrie sous contrôle francophone. Les années 1973-1980 seront d'ailleurs fortement marquées par l'établissement à Montréal de plusieurs sociétés d'origine régionale. L'étude montre en outre que dans trois régions, soit le Saguenay-Lac-Saint-Jean, le Nord-Ouest et les Cantons de l'Est, les investissements francophones comptent pour plus de 50 % des investissements totaux.

En à peine plus d'une dizaine d'années, le « portrait de famille » de l'entreprise francophone s'est totalement transformé. En comparant les données que nous venons de présenter avec celles sur la répartition du contrôle de l'économie que Saint-Germain a compilées pour 1961 [50], on note une amélioration de 3 % pour le groupe francophone, ce qui tend à confirmer qu'une inversion de tendance s'est bel et bien produite par rapport aux décennies antérieures dans le poids de la propriété francophone au sein de l'économie du Québec.

Au milieu des années 1970, il n'est plus guère question de l'influence des grandes familles, même si l'immense majorité des entreprises, des PME en fait, demeurent sous propriété familiale [51]. Une brochette de nouveaux symboles de l'entrepreneuriat issus à la fois du secteur privé, des rangs gouvernementaux et de la communauté coopérative incarnent la renaissance économique et présentent un profil organisationnel adapté au cadre moderne d'entreprises dont plusieurs se fixent des buts ambitieux. Ces nouveaux leaders ont pour noms : Mouvement Desjardins, Caisse de dépôt, Hydro-Québec, SIDBEC, Caisses d'entraide économique, Provigo, Agropur, Coopérative fédérée, Métro-Richelieu, SAQ, Donohue, Rexfor, Cascades, Canam-Manac, Culinar, Normick-Perron, Bombardier, SGF, Fednav, SNC, Lavalin, Ivaco, etc. [52]

Ce sont ces entreprises et les personnes qui les dirigent qui deviennent les symboles de *Québec inc.* et les grandes vedettes du « miracle » économique québécois, lui-même transposition de « miracles » de plus petite envergure, comme celui de la Beauce auquel Matthew Fraser consacre un magnifique chapitre dans son livre[53]. Ces entreprises forgeront le moule de tous les autres groupes financiers et industriels qui viendront par la suite. Elles appliquent plusieurs des conseils que prodiguaient quinze à vingt ans plus tôt les promoteurs du « maîtres chez nous », comme la création de sociétés anonymes placées sous la direction de conseils d'administration et dotées d'une structure administrative fondée sur la délégation des responsabilités. Certaines, comme Cascades, innovent dans le domaine des relations de travail en réinventant le lien direct patron-employés. D'autres réalisent de grands projets, comme les barrages du complexe de la baie James. Toutes ou presque ont aussi compris, en apparence du moins, le caractère indispensable du soutien gouvernemental provincial... et fédéral.

▸ L'autre projet venu d'Ottawa

« Nous étions convaincus de la profondeur du problème et, pesant tous nos mots, nous pouvions écrire à propos du Canada : "C'est l'heure des décisions et des vrais changements : il en résultera soit la rupture, soit un nouvel engagement des conditions d'existence." Telle continue d'être la situation[54]. »

Dans son rapport préliminaire rendu public en 1963, la Commission sur le bilinguisme et le biculturalisme (aussi appelée Laurendeau-Dunton et commission B.B.) note la profondeur de la crise dans laquelle le Canada est plongé. Étalant à pleines pages les multiples dimensions de l'oppression dont les francophones font les frais, les commissaires concluent à la nécessité d'un changement profond pour renouveler le pays en vue d'y instaurer des rapports égalitaires. Au seul chapitre de l'économie, la commission affirme, en préambule, faisant en cela écho à l'importante étude d'André Raynauld dont nous avons résumé le contenu au chapitre précédent :

« Au Québec et à fortiori dans l'ensemble du Canada, la grande entreprise, qui crée le plus grand nombre d'emplois et qui agit le plus sur le sens de l'évolution économique, appartient à des sociétés de langue anglaise. La vague du slogan "Maîtres chez nous" témoigne du sentiment de frustration lié à cet état de choses. La notion d'égalité, croyons-nous, suppose un élargissement considérable des possibilités pour les Canadiens de langue française dans les secteurs publics et privés de l'économie[55]. »

Le résultat de la prise de conscience québécoise et canadienne à laquelle contribue la Commission B.B. est une des causes de la venue des trois colombes (Pierre E. Trudeau, Jean Marchand et Gérard Pelletier) à Ottawa ainsi que de l'élection de Pierre E. Trudeau à la direction du Parti libéral du Canada et au poste de Premier ministre. À ce moment, un vaste processus de canadianisation de l'économie s'amorce, dans le but de mettre en échec les velléités autonomistes du Québec.

Mais encore faut-il vendre aux Québécois l'idée que le fédéralisme peut être la source de l'amélioration de leurs conditions matérielles. Charles Taylor énumère en 1965 les avantages qu'il est possible, selon lui, de dégager du fédéralisme canadien :

« À condition de pouvoir le faire dans le respect des besoins fondamentaux dont il est question plus haut, le Québec, et à plus forte raison le Canada français, ne peut que trouver profit à collaborer avec le Canada anglais parce que : a) il pourra se développer dans une région économique plus vaste que son seul territoire ; b) il disposera, conjointement avec le Canada anglais, d'une force économique plus grande sur le plan international ; c) il a beaucoup à gagner d'une solidarité pan-canadienne associée à un régime d'égalité entre les régions[56]. »

La création du ministère de l'Expansion économique régionale (MEER) en 1969, dirigé par nul autre que Jean Marchand, ex-président de la CSN et membre du COEQ, est la première manifestation concrète de la volonté du nouveau gouvernement Trudeau d'instituer un lien durable sur le plan économique entre le Québec francophone et le Canada anglophone. L'objectif est de rétablir la vitalité des régions en perte de vitesse. L'instrument est en place, il ne lui reste plus qu'à se donner un projet. Ce dernier, connu sous le nom de rapport Higgins, Martin et Raynauld, sort de l'imprimerie en 1970.

Sensibilisés à l'approche visant la mise en valeur et la promotion d'une organisation économique centrée sur des pôles de développement autonomes et dynamiques, les auteurs du rapport conseillent au ministre de concentrer ses efforts québécois dans la région montréalaise. À leurs yeux, cette dernière région représente le seul foyer économique en mesure d'affronter la compétition des centres industriels de la zone Est du continent. En outre, Montréal dispose d'un bassin de population et d'une concentration d'entreprises qui lui offrent la possibilité d'engendrer sa propre activité économique et d'agir dans les grands circuits d'échange.

« Le développement de villes comme Trois-Rivières, Québec et Sept-Îles se comprend mieux si on les considère comme un maillon d'un réseau urbain reflétant un système d'activités économiques intégrées plutôt que comme des centres isolés. Et nous devons être prêts à découvrir [...] que ce « réseau » comprend non seulement Montréal, Hull et Ottawa, mais aussi Toronto, Hamilton, Détroit et Chicago, et peut-être même Buffalo, Cleveland, Boston et New York[57]. »

Cette analyse est évidemment lourde de conséquence pour les entrepreneurs du Québec. Rappelons qu'en 1961, comme le notait la Commission sur le bilinguisme et le biculturatisme[58], les trois quarts des établissements manufacturiers sous contrôle francophone se trouvent hors de la région de Montréal ! Le rapport Higgins, Martin et Raynauld propose donc de renverser cette situation, opération qui ne pourra se concrétiser que par la concentration et la relocalisation des capitaux régionaux... et leur intégration au grand capital canadien.

Cette approche aura un impact très concret sur le développement du capital québécois qui voit dans l'ouverture fédérale un accès potentiel à de juteuses subventions et une occasion inespérée de profiter des dispositions fédérales pour tenter de percer les marchés extérieurs au Québec. Au cours des années 1970, les fonds du MEER fourniront à plusieurs entreprises le coup de pouce attendu pour relocaliser leurs activités ou leurs sièges sociaux dans la région montréalaise.

Le projet avait sans doute un sens dans l'optique de revivifier une région et de convaincre une classe d'affaires de ne pas rompre avec le régime fédéral... mais de là à lui donner accès aux milieux très sélects de la grande bourgeoisie canadienne et à en faire un partenaire du renouveau économique canadien... Sur le plan de l'intégration à un projet économique canadien plus vaste, les résultats seront en fait peu probants. Comme le souligne François Houle :

« Depuis le gouvernement d'Union et l'abolition des tarifs préférentiels avec la Grande-Bretagne, la bourgeoisie canadienne a toujours été incapable de mettre de l'avant un projet de développement économique qui aurait permis à la fois l'émergence et le développement d'une bourgeoisie nationale dominante, et l'industrialisation du Canada[59]. »

Cela ne signifie pas que les politiques fédérales n'ont pas d'impact sur l'économie québécoise, au contraire. Deux études produites pour le compte du gouvernement québécois se sont explicitement penchées sur cette question et ont grandement contribué à mettre en lumière les conséquences de la démarche fédérale. Il s'agit de *Politique fédérale et économie du Québec*, publiée par l'OPDQ, et des travaux d'un groupe de travail constitué à la veille du référendum de 1980, dont le condensé est livré dans le texte de Bernard Bonin et Mario Polèse : *À propos de l'association économique Canada-Québec*.

En appuyant son analyse sur l'étude des principales mesures appliquées par le gouvernement fédéral[60], le document de l'OPDQ porte un jugement lapidaire.

« En somme, le modèle de développement canadien qui a inspiré plusieurs politiques économiques fédérales depuis la « National Policy » et en particulier celles du tournant des années 1960, a relégué au second plan le potentiel de développement de l'économie du Québec, quand il ne lui a pas imprimé un effet carrément dépressif[61]. »

Les travaux du groupe Bonin-Polèse dégagent pour leur part d'autres aspects jusqu'alors inexplorés de l'activité fédérale. Le groupe analyse notamment la répartition des contrats d'achat des différents ministères et organismes, nommément le ministère des Approvisionnements et services, le MEER, la Banque fédérale de développement, la Société pour l'expansion des exportations, le MIC, l'ACDI et la SCHL. Il scrute également les politiques fédérales en matière de commerce, d'agriculture, de ressources naturelles, d'énergie, de transport, d'épargne, d'aide étrangère, d'habitation, de communication, de développement régional, de tourisme, de recherche scientifique et de stabilisation économique. Il s'agit du document le plus complet du genre publié à ce jour.

Bien qu'elle soit plus nuancée que l'étude de l'OPDQ, l'étude Bonin-Polèse tire des conclusions qui mettent sérieusement en doute l'efficacité des politiques fédérales au Québec.

« Dans l'ensemble, il nous paraîtrait difficile de voir dans les nombreuses actions formant la politique économique du gouvernement fédéral, la marque d'un complot contre le Québec. En revanche, il serait tout aussi difficile de soutenir que ces nombreuses interventions — pas toujours cohérentes ni efficaces et dont les effets souvent ne peuvent pas faire autrement que de s'annuler, faute d'objectifs globaux très clairs concernant la répartition régionale de l'activité économique et d'analyse suffisante des incidences régionales des politiques — ont pu contribuer fortement à atténuer les difficultés de l'économie québécoise[62]. »

Le gouvernement fédéral avait sans doute des professions de foi à quémander à la nouvelle classe entrepreneuriale du Québec, mais assez peu d'espace à lui consacrer dans une perspective plus large d'intégration à l'économie canadienne. Tout compte fait, même s'il se présente encore pour une large part à l'état de chantier, le projet dont le gouvernement québécois se fait le promoteur, en cette veille d'une élection (celle de 1976) qui va profondément bouleverser les données du rapport de force avec le reste du Canada, demeure nettement plus réaliste.

Préoccupés par l'instabilité économique que crée le contentieux Canada-Québec et aveuglés par l'appel des généreux programmes fédéraux, la grande majorité des entrepreneurs et de leurs associations limiteront leur analyse aux dimensions à la fois plus terre à terre et plus matérielles de leurs intérêts. Une ère de grande ambiguïté s'amorce avec l'arrivée au pouvoir du Parti québécois en 1976. Pendant que le gouvernement s'acharnera à proposer de nouveaux projets, parfois fort ingénieux, et tentera par tous les moyens de séduire la classe d'affaires, celle-ci cherchera d'abord et avant tout à faire obstacle à l'objectif de réaliser la souveraineté. La pratique de plusieurs hommes d'affaires francophones peut se résumer à un manège visant à manger à tous les râteliers gouvernementaux.

► Notes

1. Pierre Fréchette, «Croissance et changements structurels de l'économie», dans Gérard Daigle et Guy Rocher, *Le Québec en jeu*, Montréal, Presses de l'Université de Montréal, 1992.
2. Dorval Brunelle, *op. cit.*
3. Pour mieux juger du rôle personnel joué par Lévesque dans ce projet, lire :
   Jean Provencher, *René Lévesque, portrait d'un Québécois*, Montréal, Éditions La Presse, 1973.
   Pierre Godin, *René Lévesque : un enfant du siècle*, Montréal, Boréal, 1994.
   Yves Bélanger et Michel Lévesque, *René Lévesque, l'homme, la nation, la démocratie*, Québec, Presses de l'Université du Québec, 1992.
4. Jean-Charles Falardeau, «L'origine et l'ascension des hommes d'affaires dans la société canadienne-française», *Recherches sociographiques*, vol. 6, n° 1, janvier-avril 1965.
5. Incluant l'Industrielle, Lévesque-Beaubien, La Prévoyance, Crédit Interprovincial et Corporation de valeurs Trans-Canada.
6. Dupuis frères, Quincaillerie Durand, Palais du commerce, Chaussures TransCanada, Payette radio, etc.
7. *Biographies canadiennes-françaises*, Montréal, Éditions biographiques canadiennes-françaises, 1966.
8. Voir Dominion Bureau of Statistics, *Inter-Corporate Ownership*, 1965.
9. À cette date, il exploite activement cinq mines et compte plus de 1 000 travailleurs à son emploi.
10. «Bombardier synonyme d'expansion», *Revue Commerce*, septembre 1968.
11. Gouvernement du Canada, *Concentration dans les industries manufacturières du Canada*, Ottawa, ministère de la Consommation et des Corporations, 1971.
12. Yves Bélanger, «Capital bancaire et fractions de classe au Québec», dans Pierre Fournier, *Le Capitalisme au Québec*, Montréal, Éditions coopératives Albert St-Martin, 1978.
13. Jean-Guy Loranger, *La concentration financière des entreprises au Canada*, (Thèse), Montréal, H.E.C., 1961.
14. Gouvernement du Québec, *Rapport de la Commission d'enquête sur la fiscalité*, Québec, 1965.
15. Mario Pelletier, *La machine à milliards, l'histoire de la Caisse de dépôts et placements du Québec*, Montréal, Québec/Amérique, 1989.
16. Voir Pierre Fournier, *Les sociétés d'État et les objectifs économiques du Québec : une évaluation préliminaire*, Québec, Éditeur officiel du Québec, 1979.
17. La liste des entreprises soutenues par la Caisse en est un témoignage éclatant. Voir Caisse de dépôt et placement du Québec, *Portefeuille 1967*, texte ronéotypé, 1968.
18. Gouvernement du Canada, Commission royale d'enquête sur le système bancaire et financier, *Rapport*, Ottawa, Imprimeur de la Reine, 1964.
19. Gouvernement du Québec, *Rapport du Comité d'étude sur les institutions financières*, Québec, Éditeur officiel du Québec, 1969, p. IX.
20. *Idem*, p. XII.
21. Dont une analyse plus détaillée de l'impact sur l'économie nous est livrée par Anne Beaulieu et Diane Bellemare, *Les caisses populaires et le développement de l'emploi*, Montréal, Chaire de coopération Guy-Bernier, 1991.
22. Marcel Laflamme et André Roy, *L'administration et le développement coopératif*, Montréal, Éditions du Jour, 1979. OPDQ, *Profil du mouvement coopératif au Québec*, Québec, Éditeur officiel du Québec, 1979.
23. Gouvernement du Canada, Comité d'étude sur les besoins et les sources de capital de l'industrie canadienne des valeurs mobilières, *Rapport du Comité d'étude sur les besoins et les sources de capital de l'industrie canadienne des valeurs mobilières et les répercussions de l'apport du capital étranger sur cette industrie*, Toronto, mai 1970.

24. Le mérite d'avoir fait ressortir le déclin des grandes familles francophones revient au sociologue Robert Pilon (travaux non publiés).
25. «La grande industrie finira par tuer l'entreprise familiale», *Le Soleil*, avril 1964.
26. Claude Ryan, «La Prévoyance : Québec n'y peut rien», *Le Devoir*, 25 novembre 1971.
27. Jean-Pierre Allard, *Le problème des petites entreprises téléphoniques au Québec*, (Thèse), Montréal, H.E.C., 1963.
28. Corporation d'expansion financière, *Rapport annuel 1967*, 1968.
29. Statistique Canada, *Liens de parenté entre les corporations*, Ottawa, 1967.
30. Corporation foncière de Montréal, *Rapport annuel 1967*, 1968.
31. Normand Lépine, «Une réclamation de 12 $ millions contre les directeurs de Cofomo», *Le Devoir*, 21 mai 1969.
32. Claude Lemelin, «Les difficultés financières de Cofomo mettent en péril d'autres institutions financières», *Le Devoir*, 20 mars 1968.
33. Plusieurs directeurs de Cofomo dont Paul Bienvenu, Fridolin Simard, Jacques Melançon et Roland Chagnon du groupe de Jean-Louis Lévesque feront en outre l'objet de poursuites diverses.
34. Cité par Raoul Barbe, dans *Les entreprises publiques*, Montréal, Wilson et Lafleur, 1985, p. 43.
35. Roland Parenteau, «L'essor des entreprises québécoises et la création d'emploi», dans Yves Bélanger et Robert Comeau, *Hydro-Québec, autres temps, autres défis*, Québec, Presses de l'Université du Québec, 1995.
36. Allocution de Jacques Parizeau au colloque *Hydro-Québec, autres temps, autres défis,* tenu à l'UQAM en mars 1994 dans le cadre de la série de colloques sur les leaders du Québec contemporain.
37. «Jean Lesage et l'État béquille», *Parti Pris*, juin-juillet 1965, p. 3.
38. *États généraux du Canada français, exposé de base et documents de travail*, 1967.
39. Gabriel Gagnon et autres, *Québec 1960-1980, la crise du développement*, Montréal, Hurtubise HMH, 1973, p. 83.
40. CSN, *Ne comptons que sur nos propres moyens*, Montréal, CSN, 1971.
41. Michel Boisvert et Pierre Hamel, «Les politiques régionales au Canada sous le régime libéral 1963-1984», dans Yves Bélanger et Dorval Brunelle, *L'Ère des libéraux*, Québec, Presses de l'Université du Québec, 1988.
42. Gilles Lebel, *Horizon 1980, Étude sur l'évolution de l'économie du Québec de 1946 à 1968 et sur ses perspectives d'avenir*, Québec, ministère de l'Industrie et du Commerce, 1970.
43. Gouvernement du Québec, Conseil exécutif, *Le cadre et les moyens d'une politique québécoise concernant les investissements étrangers*, Québec, Éditeur officiel du Québec, 1974.
44. Lire à ce sujet le texte de Jorge Niosi : «Transfert de technologie et apprentissage dans le génie-conseil», dans Yves Bélanger et Robert Comeau, *Hydro-Québec, autres temps, autres défis*, Québec, Presses de l'Université du Québec, 1995.
45. «Le Conseil général de l'industrie du Québec est un organisme consultatif paragouvernemental unique en son genre. Constitué par un Arrêté en conseil du gouvernement provincial, le 26 février 1969, le COGEIQ regroupe soixante-deux des plus éminents hommes d'affaires du Québec en une sorte de groupe-conseil extraordinaire du gouvernement en matières économiques» (CGI, 1971).
46. R. Marcotte, *Rapports d'orientation : Dimension financière, résumés des rapports,* ministère de l'Industrie et du Commerce, texte ronéotypé, 1976.
47. *Idem*.
48. Gouvernement du Canada, Commission royale d'enquête sur le bilinguisme et le biculturalisme , *Rapport*, Ottawa, Imprimeur de la Reine, 1965.
49. Un point de vue simplement expliqué dans OCDE, *La recherche d'un consensus,* Paris, OCDE, 1982, p. 13.
50. Maurice Saint-Germain, *Une économie à libérer*, Montréal, Presses de l'Université de Montréal, 1973, p. 122.
51. Une étude du ministère de l'Industrie et du Commerce montre qu'entre 1963 et 1973 le nombre de PME a diminué de près de 10 % au Québec. Ce déclin frappe surtout les petites

entreprises. Celles qui sont classifiées dans la catégorie des moyennes ont par contre connu une croissance. Gouvernement du Québec, ministère de l'Industrie et du Commerce, *La PME au Québec : situation et problème, document de travail*, Québec, 1976.

52. Une liste assez complète des plus importantes entreprises sous contrôle francophone a été publiée dans Yves Bélanger, Pierre Fournier et Claude Painchaud, « L'enjeu économique et la question nationale au Québec », dans Pierre Fournier, *Capitalisme et politique au Québec*, Montréal, Éditions coopératives Albert Saint-Martin, 1981, pp. 36-37.

53. Matthew Fraser, *Quebec inc.,* Montréal, Éditions de l'Homme, 1987, ch. 3.

54. Gouvernement du Canada, Commission royale d'enquête sur le bilinguisme et le biculturalisme, *Rapport final*, Ottawa, 1969.

55. *Idem*, p. XXXV.

56. Charles Taylor, « La planification fédérale-provinciale », *Cité libre,* octobre 1965, p. 10.

57. Ministère de l'Expansion économique régionale, « Les orientations du développement économique », extrait de Gabriel Gagnon et al., *Québec 1960-1980, la crise du développement*, Montréal Hurtubise HMH, 1978, p. 62.

58. Gouvernement du Canada, Commission royale d'enquête sur le bilinguisme et le biculturalisme, *Rapport, livre 1*, Ottawa, 1969, p. XXXV.

59. François Houle, « Stratégie économique et restructuration de l'État au Canada », *Politique,* n° 3, hiver 1983, p. 63.

60. Canalisation du Saint-Laurent, Politique nationale du pétrole, Pacte de l'auto, Politique agricole fédérale.

61. OPDQ, *Politique fédérale et économie du Québec*, Québec, Éditeur officiel du Québec, 1978, p. XI.

62. Bernard Bonin et Mario Polèse, *À propos de l'association économique Canada-Québec*, Québec, ENAP, 1980, p. 276.

CHAPITRE 6

La mise à l'épreuve de la « garde montante[1] » : 1976-1995

► **Le nouveau pouvoir se cherche une orientation**

Le destin est parfois cynique : c'est au gouvernement du Parti québécois élu en novembre 1976 qu'il revient de mettre en application le programme d'action du rapport Descôteaux. Il va en respecter l'esprit, même si le nouveau Conseil des ministres n'a pas beaucoup de sympathie à l'endroit de l'entreprise privée. Après six années dans l'opposition à dénoncer le copinage du gouvernement sortant avec les milieux d'affaires et muni d'un programme de parti d'orientation sociale-démocrate misant essentiellement sur l'État pour combattre les iniquités sociales et économiques, le nouveau parti ministériel a un penchant beaucoup plus naturel pour le secteur public et les coopératives. René Lévesque n'avait-il pas lui-même affirmé : « Nous sommes à la fois contre le socialisme doctrinaire et l'étatisme étouffant et d'autre part le capitalisme tel qu'il a fonctionné jusqu'à maintenant[2]. »

Or, c'est bien de capitalisme qu'il est question et le PQ éprouve un malaise évident à nouer contact avec l'entreprise privée, mais quelques-uns de ses membres, dont Jacques Parizeau, ont une vision claire des choix à privilégier :

« On ne peut prétendre que tous les membres du gouvernement s'entendent comme larrons en foire avec les milieux d'affaires. Ce serait exagéré. Si jamais on vous soutient cette thèse-là, ne le croyez pas. D'autre part, on se rend très bien compte de la nécessité absolue de donner toutes les chances possibles, tous les appuis possibles, à la garde montante, sachant très bien que la garde descendante, elle descend et qu'elle va continuer de descendre. Depuis quelques années [...] on sait très bien que, en un certain sens, le sort économique du Québec est lié à la garde montante, à leur nombre, à l'importance qu'ils ont, aux muscles économiques qu'ils ont. Je pense que, sans avoir créé le phénomène, notre gouvernement l'a compris et s'est mobilisé à tous les égards pour que la garde montante soit la plus nombreuse possible et monte le plus haut possible[3]. »

Il est vrai que la semence avait déjà commencé à germer, mais c'est avec l'appui du gouvernement de René Lévesque que la classe d'affaires du Québec amorce sa véritable révolution. Il faut dire que le PQ n'a guère le choix. Heurtées par l'élection de 1976, plusieurs grandes entreprises anglo-canadiennes réduiront considérablement leurs investissements au Québec, certaines, comme la Sun Life et Cadbury, décident carrément de partir pour l'Ontario. Au chapitre des dépenses publiques, l'ère des transferts généreux aux provinces prend fin avec la mise en place, à Ottawa, d'une série de mesures toutes consacrées à la promotion d'une politique économique centralisatrice.

La croissance économique s'essouffle sous l'effet combiné d'une forte poussée inflationniste et d'une dégradation des dépenses publiques. Entre 1976 et 1985, le taux de chômage se situe à un niveau moyen de 10 %. Des records sont battus au plus fort de la récession amorcée en 1982 où la proportion des sans-emploi atteint 16 %. Les économistes dénoncent la stagflation, problème que, selon plusieurs, les mécanismes traditionnels de contrôle économique (d'inspiration keynésienne) sont incapables de résoudre. Certains affirment que le système vient d'entrer dans une crise structurelle qui remet en cause le pacte social[4]. Le contexte s'y prêtant, divers courants de pensée prônant le retour en force du libéralisme économique gagnent en crédibilité et font des adeptes dans plusieurs régions du monde, notamment en Europe et aux États-Unis.

Sans entrer dans le détail des solutions proposées, mentionnons que les ingrédients de la médication comprennent, dans des dosages différents, le retour à un capitalisme de concurrence placé sous la gouverne du secteur privé, le retrait de l'État, la lutte contre les déficits gouvernementaux, l'abolition des programmes sociaux, la promotion d'une plus grande compétitivité et la libéralisation des marchés. Comme nous le verrons, chacun des commandements de ce nouveau catéchisme remet en cause l'une ou l'autre facette du modèle québécois. L'analyse du cheminement du gouvernement québécois entre 1976 et 1995 révèle que la philosophie gouvernementale se transforme tout au long de la période en adoptant de nombreuses formes de gestion inspirées de la pensée néo-libérale, mais toujours dans l'optique de préserver l'ossature d'un système de coopération sociale et de promotion des intérêts économiques québécois.

Sous le règne de René Lévesque (1976-1985), les vertus collectivistes que s'était données le Parti québécois dans *Quand nous serons vraiment maîtres chez nous* (1972) — c'est-à-dire une plate-forme économique clairement orientée vers une social-démocratie musclée consacrée notamment à la promotion de la cogestion, du coopératisme dans la planification gouvernementale — s'éclipsent devant une pratique économique de plus en plus conforme aux tendances à la mode. Le gouvernement Bourassa (1985-1995) s'aventurera plus avant par la suite dans l'expérience néolibérale.

► La relance du modèle québécois

Quoi qu'il en soit, en cette seconde moitié des années 1970, la tâche du gouvernement Lévesque est lourde, car le cabinet sait très bien que la relance de l'économie et l'échéance de la souveraineté ne peuvent être abordées avec des chances raisonnables de succès sans que les Québécois soient rassurés sur leur capacité de survivre économiquement à une rupture du lien fédéral, et sans un appui minimal des milieux d'affaires. Une grande partie des forces seront d'emblée canalisées vers la constitution d'une large coalition dotée d'une vision commune sur la tâche à accomplir et les conditions nécessaires à la revitalisation de l'économie. En se présentant comme le rassembleur de la société, le gouvernement veut projeter de lui-même l'image d'un acteur au-dessus de la mêlée et donc en position pour définir un projet capable de répondre aux intérêts collectifs. Le pari implicite postule qu'une plus grande unité de pensée sur le terrain économique aidera au rapprochement des positions sur le terrain politique et contribuera à élargir la coalition souverainiste.

En 1977, on réinvente la concertation en faisant appel à la formule, un peu amidonnée mais très médiatique, des sommets économiques. Au niveau national, ces sommets permettent au gouvernement de mieux faire comprendre son approche au Conseil du patronat et de passer un message d'ouverture aux plus grandes entreprises francophones, sans que cela se traduise toutefois par des appuis très tangibles. En région par contre, la réponse des entrepreneurs est nettement plus positive et c'est donc là qu'on recrute les premiers porte-étendards de la souveraineté issus du monde des affaires.

Au cours du premier sommet économique, le gouvernement propose à la « garde montante » un premier plan de développement dont l'objectif est la reprise en main de l'économie québécoise grâce à l'action commune, concertée et coordonnée des secteurs public et privé sous propriété québécoise. De sommet en sommet, on peut observer un rapprochement entre le discours gouvernemental et celui du secteur privé sur plusieurs sujets stratégiques comme la lutte au déficit gouvernemental, la fiscalité et la déréglementation. Les points de rencontre avec les syndicats et les groupes sociaux sont nettement moins nombreux. Seul le thème de l'emploi fait véritablement partie du discours commun.

L'engagement progressif du gouvernement en faveur du secteur privé prend des formes parfois surprenantes, comme en témoigne cette déclaration de Jacques Parizeau prononcée au sommet de 1982 sur le thème du développement régional, domaine qui constituait pourtant, depuis 1960, un des champs de prédilection des organismes publics :

« Comme la période des grands investissements sociaux en matière d'enseignement et de santé est terminée, la croissance et le développement des régions reposeront plus que jamais sur les investissements du secteur privé, c'est-à-dire sur l'entreprise.

Dans ce contexte, l'État est déterminé à épauler l'entrepreneur-ship local par tous les moyens dont il dispose[5]. »

Un plan prend néanmoins forme. La série *Prospective socio-économique du Québec*[6] pose un nouveau diagnostic sur l'économie québécoise, mettant en évidence les faiblesses du mode de développement hérité des années 1960. Il faut se donner une approche volontariste, concluent les auteurs du rapport. En 1978, avec la publication de *Bâtir le Québec*[7], un premier plan d'action quinquennal est publiquement dévoilé. Sa stratégie sera affinée par le Conseil de la planification en 1980 [8]. *Bâtir le Québec* propose un retour à l'entreprise privée et à ses valeurs à l'intérieur d'un programme de développement qui lui confie le rôle de fer de lance dans une foule de secteurs. Là où l'apport du capital étranger demeure indispensable, on recommande aux entreprises du Québec (entendre évidemment surtout les entreprises francophones) une stratégie d'alliance. Le document affirme clairement le primat de l'entreprise privée et du partenariat avec les entreprises étrangères dans le plus pur esprit du rapport Descôteaux. On y définit les secteurs où la progression des entreprises sous contrôle québécois doit être privilégiée et ceux, jugés prioritaires, où il apparaît possible d'améliorer la position du Québec dans l'économie nord-américaine et mondiale.

De façon très explicite, le document fait la promotion de multinationales sous contrôle francophone. On y propose d'encourager les entreprises à se regrouper, notamment dans le domaine financier. On vise la mise en place d'entreprises qui pourront, comme IBM ou GM aux États-Unis, assurer d'importantes retombées sur l'économie provinciale, tout en élargissant le rayonnement québécois sur la scène internationale. L'idée qu'une économie forte doit nécessairement s'appuyer sur des entreprises de calibre international devient, avec *Bâtir le Québec*, une des pierres angulaires du discours gouvernemental. La Suède et la Suisse, deux pays peu populeux mais possédant des dizaines de firmes multinationales, sont, à l'époque, souvent pointées comme les modèles à imiter.

Mais la clé du plan demeure financière et *L'épargne*, gigantesque étude sur le secteur financier qui met à jour le rapport

Parizeau, est rendue publique en 1980.[9] À l'origine, le document devait donner lieu à un énoncé de politique économique du même calibre que *Bâtir le Québec*, mais la nature des recommandations retenues par le groupe de travail n'étant pas en parfaite harmonie avec les vues du ministre des Finances, le document restera l'œuvre d'un groupe de spécialistes. Ces derniers soumettent 63 recommandations, toutes centrées sur la démocratisation du secteur financier, la consolidation et l'élargissement des sphères d'influence des institutions financières francophones. Comme nous le verrons plus loin, un important processus de concentration du réseau financier du Québec suivra de peu la publication du document. On peut dire que c'est dans le domaine financier que prend véritablement forme la première étape du projet de revitalisation du secteur privé conçu dans *Bâtir le Québec*.

Une impressionnante brochette d'études plus spécialisées modulera par la suite ce programme d'action en fonction des spécificités sectorielles. En 1979, le rapport du CEFECQ, préparé par le ministère de l'Industrie et du Commerce, élabore un plan pour le secteur du commerce [10] dont la cible est d'accroître la part de marché détenue par les commerçants indépendants. Dans le domaine de l'énergie, aussi stratégique pour l'entrepreneuriat francophone, la formulation d'une nouvelle politique met l'accent sur l'exploitation des ressources gazières et hydro-électriques en affirmant clairement l'intention de promouvoir un contrôle national accru. *Nourrir le Québec* propose un projet encore plus ambitieux pour le secteur agro-alimentaire en visant l'adoption d'une politique d'autosuffisance. Il y est question de promotion active des exportations et de diversification des points d'ancrage de l'entreprise francophone [11]. Le document *L'électricité* fait, quant à lui, le point sur l'apport de ce secteur névralgique de l'économie québécoise [12].

Au fond, les grandes orientations qui tissent la toile commune à l'ensemble de ces énoncés de politique et de ces études n'ont rien de très original. Elles font une fois de plus la promotion d'une stratégie de développement axée sur les principes qui ont inspiré le rapport Descôteaux, *Horizon 1980*, le COEQ et même les promoteurs de CORPEX au milieu des années 1950. L'idée de base est de tout mettre en œuvre pour faire apparaître une génération de grandes entreprises francophones d'envergure internationale, en visant le maximum de retombées sur l'économie provinciale. La fournée d'études du gouvernement du Parti québécois apporte cependant un sens nouveau à ce projet en donnant l'impression que la machine gouvernementale va s'y consacrer pleinement. Le message lancé implicitement aux entrepreneurs privés est que l'État d'un Québec indépendant leur est totalement acquis et sera le tremplin de leur ouverture sur le monde. Mais le milieu des affaires des Bertin Nadeau, Claude Bruneau, Pierre Lortie et Claude Castonguay, qui incarnent le sentiment majoritaire de la rue Saint-Jacques, est résolument fédéraliste. Un observateur français, ancien correspondant du journal *Le Monde* au Québec, avait bien compris l'ampleur du défi : « Le monde des affaires est une autre enclave qu'un État souverain [du Québec] devra savoir québéciser [13] ». Les milieux d'affaires francophones rejettent finalement les arguments souverainistes que leur propose le livre blanc du gouvernement du PQ[14].

L'échec du référendum, le constat d'une absence quasi totale de soutien au projet de souveraineté par les milieux d'affaires et la récession de 1982 modifieront assez fondamentalement les ambitions gouvernementales.

Intitulé *Le virage technologique*, le plan de remplacement de *Bâtir le Québec* pour la période 1982-1986 porte un message plus sélectif sur le plan sectoriel (réduit aux domaines de haute technologie) et annonce implicitement que des moyens plus limités seront affectés aux efforts de relance, même si les objectifs d'arrimage à l'économie internationale demeurent essentiellement les mêmes. *Le virage technologique* prend acte du résultat référendaire en proposant de consacrer plus d'énergie à aller chercher une part plus consistante des méga-projets du gouvernement fédéral. Le document annonce par ailleurs un engagement gouvernemental plus limité et ne cache pas ses attentes à l'endroit du secteur privé. La machine d'État se concentrera davantage sur l'appui aux régions en misant non plus sur la lutte aux disparités, mais sur les avantages comparatifs de chacune. Le *Choix des régions* viendra quelques mois plus tard préciser la pensée gouvernementale en introduisant une problématique fondée sur les concepts de décentralisation administrative, de spécialisation et de libéralisation des forces économiques régionales (en clair, les entreprises).

Ces prises de position s'inscrivent bien entendu dans la foulée de la création des Municipalités régionales de comté (MRC) et font suite à d'interminables débats sur la pertinence d'allouer plus de latitude aux pouvoirs locaux et régionaux, débats bien antérieurs à l'arrivée au pouvoir du PQ. Il reste que, avec le recul du temps, on ne peut s'empêcher de voir dans *Le virage technologique* et le *Choix des régions* les signes d'une volonté d'amorcer un certain retrait de l'État et du renoncement implicite à confier à l'appareil gouvernemental la responsabilité de concevoir et d'exécuter une politique planifiée de développement. On y plante les germes d'une stratégie qui redonne au secteur privé une part croissante de l'initiative en matière de développement économique. Mais a-t-on atteint les objectifs visés en ce qui a trait à la modernisation de ce secteur privé et celui-ci a-t-il les reins suffisamment solides pour reprendre les rênes de l'économie québécoise?

► La poursuite du programme de renouvellement de l'entreprise privée

Pendant les neuf années de pouvoir du gouvernement Lévesque, le bassin des entreprises francophones connaît des transformations profondes qui bouleversent littéralement le paysage entrepreneurial du Québec. C'est notamment au cours de cette période que les premiers groupes d'envergure voient le jour puis percent sur la scène internationale. Parmi les cas les plus réputés, il faut mentionner Bombardier, SNC et Lavalin dont le rayonnement s'étend rapidement dans le monde occidental et en Afrique. Mais d'autres entreprises qui se destinent davantage au marché nord-américain font aussi preuve d'un dynamisme encore inégalé depuis la guerre sur la scène internationale. Parmi les firmes qui se font le plus remarquer à l'extérieur du Québec figurent Provigo, Cascades, la Banque nationale, Quebecor, Ivaco et La Laurentienne. Parallèlement, les exportations du Québec augmentent de façon significative, passant de 14% à 20% du PIB entre 1975 et 1981[15].

TABLEAU 6.1

Évolution des exportations du Québec, 1975-1981
(en milliards de dollars)

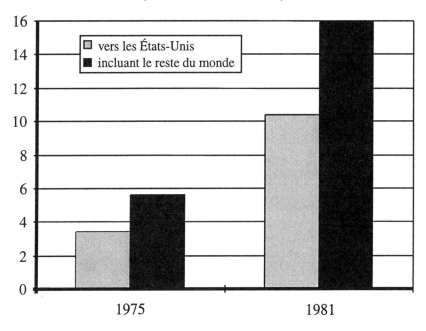

Source : Statistique Canada

Précisons que la SDI-Exportation et l'Office québécois du commerce extérieur ont, dans plusieurs dossiers d'exportation, assumé une fonction de soutien complémentaire aux programmes fédéraux. L'objectif déclaré de Bernard Landry lors de son arrivée au ministère de l'Industrie et du Commerce était « de faire des Québécois les exportateurs les mieux traités[16] ». En 1984 se tient un sommet économique spécialement consacré aux activités économiques du Québec dans le monde. On ne peut évidemment pas attribuer les percées sur les marchés d'exportation aux seules interventions du gouvernement québécois, la principale base de soutien des exportations au Canada demeurant le ministère canadien des Affaires étrangères, son réseau d'ambassades et ses programmes d'aide à l'exportation, mais les outils dont le Québec s'est doté fournissent cependant un apport complémentaire qui pèse dans la balance et qui n'est aucunement étranger aux succès des Bombardier, Lavalin et compagnie.

Le phénomène est moins connu, mais la période 1976-1985 est également marquée par un renversement de la situation dans l'évolution de la propriété des entreprises, notamment des grandes entreprises implantées sur le territoire québécois. Comme nous l'avons vu, avant les années 1960, les prises de contrôle d'entreprises se résumaient presque invariablement au passage de firmes sous direction francophone à des entreprises sous contrôle anglophone ou étranger. Après 1976, le processus s'inverse : Provigo achète Loeb, Domtar passe sous la gouverne de la Caisse de dépôt, la Unity Bank est achetée par la Banque provinciale, Dale est acquise par Sodarcan et Sullivan met la main sur Dickenson Mines. Dans des secteurs traditionnellement dominés par les grands intérêts anglo-canadiens, quelques partenariats avec des entreprises du Québec voient le jour, comme celui qui donne naissance à Brascades (Caisse de dépôt et Brascan).

Rien ne semble pouvoir arrêter ce qui est perçu par les médias comme une vague de fond. On admire la nouvelle classe d'affaires francophone pour son dynamisme, et plusieurs lui attribuent la paternité du « miracle québécois ». Dans *Québec inc.,* Matthew Fraser brosse un portrait plus que louangeur de « la frénésie de la libre entreprise québécoise [17] » qui heurte de front l'ego torontois et place définitivement la bourgeoisie canadienne sur la défensive. On manque de superlatifs : *Les guerriers de l'émergence*[18], *La belle entreprise*[19], *Les réussites québécoises* [20], etc. Un ouvrage plus pondéré introduit le sujet :

« Tant dans le domaine de l'industrie lourde, de l'industrie manufacturière que dans celui des services, le Québec a vu naître et se développer, à un rythme prodigieux parfois, des entreprises qui n'ont désormais rien à envier à leurs concurrents, que ce soit au niveau national ou international. Et au point de vue de la technologie, l'industrie québécoise ne le cède en rien non plus [...][21]. »

Tout de même !

Les faits d'armes de la « garde montante » font des vagues et provoquent des ripostes cinglantes. On se souviendra du projet de loi S-31, déposé à la Chambre des communes puis retiré, dont l'objet explicite était de freiner l'action boursière de la Caisse de dépôt qui venait de subtiliser Domtar à l'establishment canadien pour en faire un nouveau trophée de guerre québécois et qui se faisait de plus en plus menaçante dans un des lieux de culte des gestionnaires anglo-canadiens : le Canadien pacifique.

TABLEAU 6.2

Comparaison de la propriété des entreprises du Québec, selon l'emploi, 1961-1991 (en pourcentage)

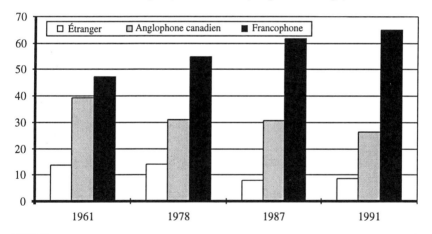

Source : François Vaillancourt et Michel Leblanc, *La propriété de l'économie du Québec en 1991 selon le groupe d'appartenance linguistique*, Québec, Office de la langue française, 1993.

Parallèlement, les entreprises anglophones amorcent un mouvement de retrait du Québec. Il ne fait aucun doute que ces départs n'aident en rien la cause économique du Québec, mais ils contribuent néanmoins à la modification du rapport de force économique entre les groupes ethniques sur le territoire québécois. Ils créent également un vacuum dans le centre-ville de Montréal, ce qui donne plus de visibilité à la nouvelle classe d'affaires francophone.

Cette dernière connaît donc une croissance indéniable. Francois Vaillancourt, émule d'André Raynauld, a suivi l'évolution de la propriété des entreprises entre 1978 et 1991. Les résultats de ses enquêtes montrent une progression importante de la propriété francophone dans les entreprises du Québec. Au total, entre 1978 et 1987, le pourcentage des emplois dans les entreprises francophones passe de 54,8 % à 61,6 %. En neuf ans, la progression a été aussi importante qu'au cours des dix-sept années qui ont précédé 1978[22]. On notera que la progression des francophones se fait surtout au détriment des entreprises anglocanadiennes, mais également à celui des entreprises sous propriété étrangère dont l'incidence sur l'emploi décroît de 13,6 % à 8,7 % en trente ans. Du côté des propriétaires anglo-canadiens, la cote s'établit à 13,1 points de pourcentage au cours de la même période.

TABLEAU 6.3

Évolution du contrôle sur l'emploi des entrepreneurs francophones au Québec dans les différents secteurs, 1978-1991 (en pourcentage)

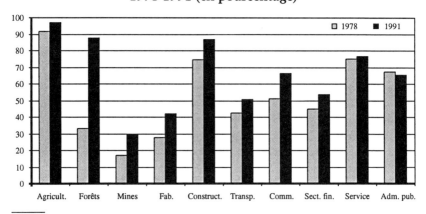

Source: François Vaillancourt et Michel Leblanc, *La propriété de l'économie du Québec en 1991 selon le groupe d'appartenance linguistique*, Québec, Office de la langue française, 1993.

TABLEAU **6.4**

**Évolution du contrôle sur l'emploi des entrepreneurs
francophones au Québec dans le domaine manufacturier,
1978-1991 (en pourcentage)**

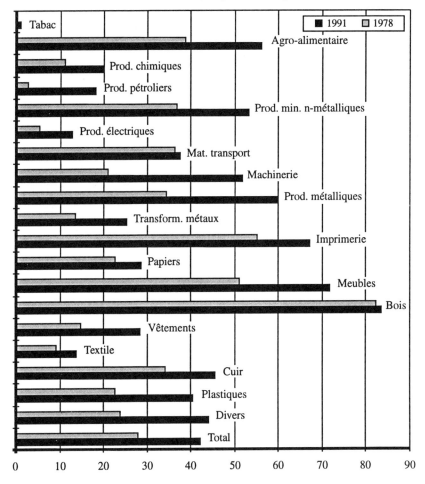

Source : François Vaillancourt et Michel Leblanc, *La propriété de l'économie du Québec en 1991 selon le groupe d'appartenance linguistique*, Québec, Office de la langue française, 1993.

Nul ne sera surpris de constater que la propriété francophone se maintienne à de hauts niveaux dans l'administration publique, les services, le commerce et la construction. On constate cependant avec plus d'étonnement l'impressionnante progression dans les domaines des mines, des forêts et, fait encore plus remarquable, dans la fabrication.

Dans le secteur manufacturier, hormis les domaines traditionnels comme le bois, le cuir et le meuble, on observe les cheminements les plus marqués dans la transformation des produits non métalliques et métalliques, dans la production d'aliments, dans la machinerie et dans la fabrication de nouveaux produits comme les équipements électroniques et les plastiques. On ne peut dissocier cette évolution tout à fait remarquable de l'apport d'entreprises comme SIDBEC, Cegelec, Bombardier, Quebecor, la Caisse de dépôt, Hydro-Québec, la SDI, etc., comme on ne peut faire abstraction de programmes gouvernementaux tels que le Régime d'épargne-actions (REA) conçu pour aider à la capitalisation des entreprises, les programmes de relance de l'industrie de la construction, d'aide à l'exportation, etc.

Par ailleurs, les études de l'Office de la langue française permettent de constater que la croissance du nombre de gestionnaires francophones suit l'évolution des entreprises sous contrôle francophone. Entre 1976 et 1987, la progression des francophones dans la haute direction des entreprises anglophones de plus de 1000 employés n'est cependant que de 3,6 % (9,2 % à 12,8 %). Dans les entreprises comptant entre 500 et 999 employés, Champagne constate que les francophones n'assument toujours, en 1992, qu'un rôle de figurant au sein des conseils de direction des entreprises anglophones[23].

Nulle part le mouvement de croissance et de réorganisation du milieu d'affaires francophone n'atteint autant d'ampleur que dans le secteur financier. D'après François Moreau[24], ce domaine est d'ailleurs le seul où les francophones sont véritablement parvenus à renverser la domination anglophone (entendre la domination des grandes institutions pancanadiennes). Selon les compilations de Raynauld, Vaillancourt et Carpentier, la part de l'emploi du secteur financier attribuable aux institutions sous contrôle francophone passe de 25,8 % en 1961 à 58,2 % en 1987[25]. Vaillancourt l'estime à 53,7 % en 1991[26].

TABLEAU 6.5

La consolidation du secteur financier entre 1975 et 1983

Opération	Année
Secteur bancaire	
Banque provinciale/Unity Bank	1977
Banque provinciale/Laurentide Finance	1978
Création de la Banque nationale (fusion BCN/Banque provinciale)	1979
La Laurentienne/Banque d'épargne	1980
Secteur coopératif	
Fédération des caisses d'économie/Mouvement Desjardins	1979
Fédération des caisses d'entraide/Mouvement Desjardins	1980
Ligue des caisses d'économie/Mouvement Desjardins	1980
Fédération des caisses de Montréal/Mouvement Desjardins	1982
Secteur des assurances	
La Prévoyance/La Laurentienne	1975
Fonds FIC/La Laurentienne	1979
Loyal American Life/La Laurentienne	1979
Regroupement des mutuelles d'incendie	1978-1980
Bélair/Groupe Commerce	1981
Les Artisans/Les Coopérants	1981
La Solidarité/L'Unique	1981
Les Prévoyants/La Laurentienne	1981
La Northern et La Northwest/L'Industrielle	1982
Création du Groupe Assurvie	1983
Poitras et cie/Sodarcan	1983
Standard Life/L'Alliance	1983
Dale/Sodarcan	1983
Secteur Fiducie et Immobilier	
SNF/Fédération des caisses d'entraide	1979
Crédit-Foncier/Banque d'épargne	1979
Prénor/Trust Général	1980
Fiducie Nord-Amérique/Trust Général	1980
Création du Groupe Trans-Action	1980
Création TGC	1981
Immeubles Select/TGC	1982
Mutuelle-vie des fonctionnaires/SNF	1983
Secteur Courtage	
Raymond Camus-Breault/Guy et O'Brien	1976
Cliche et Ass.-Molson/Rousseau	1977
Prénor-Bolton Tremblay	1979
Desjardins/Couture-Grenier/Ruel	1979
Geoffrion/Robert-René T. Leclerc	1979
Geoffrion/Leclerc-Grenier-Ruel	1982
Rudemaker/McDougal-Lévesque/Beaubien	1982
Mc Neil/Mantha-Disnat	1983
Geoffrion/Leclerc-La Laurentienne	1983

Cette performance est largement redevable à une des plus puissantes vagues de regroupement et de concentration qu'ait connues le secteur au Québec. Entre 1977 et 1983, on dénombre une cinquantaine de transactions financières majeures, dont la fusion entre la Banque canadienne nationale et la Banque provinciale pour créer la Banque nationale et l'intégration de plusieurs fédérations de caisses d'épargne et de crédit au Mouvement Desjardins. Ultérieurement, nous assisterons, dans les années 1990, à la prise de contrôle par la Banque nationale et le Mouvement Desjardins des principaux leviers financiers dans l'assurance, la fiducie et le courtage. Cette concentration va élargir l'emprise des principales institutions francophones et aider au financement de la transformation de groupes commerciaux et industriels. Parmi les transactions les plus importantes, mentionnons l'achat de CFCF par le groupe Pouliot, de Gaz métropolitain et de Gaz Inter-Cité par la Caisse de dépôt et placement et SOQUIP, des magasins Dominion par Provigo, etc.

Même s'il y eut des ratés, comme la coûteuse et inefficace nationalisation de la SNA, l'échec de Tricofil, celui de Québecair ou la faillite de Steinberg (après son passage sous Socanav), il faut reconnaître que la politique mise en application sous le gouvernement Lévesque a donné des résultats intéressants du point de vue de la reprise en main de l'économie québécoise par la majorité francophone. François Rocher conclut sur le sujet que la politique industrielle suivie pendant cette période vise moins à diminuer la dépendance du Québec face aux États-Unis qu'à permettre aux francophones d'occuper une meilleure place économique[27].

► Comment juger les résultats ?

Cette stratégie du grand bond nationaliste par la création d'une nouvelle élite d'affaires a suscité d'importantes critiques.

Dans un remarquable article, François Moreau explique que le mouvement de progression des francophones s'est en grande partie fait sur la base d'un endettement sans doute rendu inévitable en l'absence d'accumulation du capital privé. Il signale qu'on n'est jamais parvenu à mettre en place la super banque d'affaires dont on rêvait dans les années 1950 et qui aurait pu pallier, par un accès plus étendu à l'épargne des Québécois, à l'absence de grande fortunes privées[28]. C'est l'État qui a dû, pour remédier à la situation, soutenir, de diverses façons, la mise en place de programmes destinés à améliorer la capitalisation des entreprises ou à leur donner accès à du capital de risque. L'État s'est à son tour endetté.

Plusieurs politiques et entreprises publiques ont également été critiquées, comme en témoignent les analyses de Léo-Paul Lauzon et Pierre Arbour résumées au premier chapitre, ou les points de vue très partagés du milieu des affaires à l'endroit de la gestion et des interventions de la Caisse de dépôt, relatées par Côté et Courville[29].

D'autres commentaires, dont il reste encore aujourd'hui à mesurer la portée, mettent plus ou moins subtilement en relation la francisation du milieu des affaires et l'affaiblissement de la position stratégique du Québec dans l'économie canadienne et continentale. Dans le cadre d'une réflexion sur Montréal, Mario Polèse affirme que la métropole a perdu des marchés non francophones tout simplement parce qu'elle s'est imposée des coûts socio-linguistiques que les entreprises auraient eu à supporter[30]. Dans son évaluation des problèmes montréalais, Marcel Côté s'est montré moins nuancé. Il associe directement le déclin économique de la ville au départ des anglophones[31]. L'analyse des enjeux de la francisation, à laquelle s'est livré Pierre Bouchard, montre bien que les relations entre les communautés d'affaires anglophone et francophone sont conditionnées d'abord et avant tout par des enjeux de société[32]. Le processus de francisation des affaires aurait-il contribué à faire perdre à Montréal son statut de métropole canadienne pour en faire une simple capitale économique régionale? Plusieurs l'ont affirmé au cours des vingt dernières années. Si tel est effectivement le cas, il faut en conclure que le projet que proposait le trio Higgins-Martin-Raynauld (voir le chapitre cinq) n'était que vue de l'esprit et, qu'au fond, l'environnement économique canadien n'avait rien à offrir à ceux qui croyaient possible de permettre aux francophones du

Québec de prendre en main le contrôle de leur économie tout en maintenant des liens productifs avec le reste du Canada.

La seule question pertinente à se poser est : quelle approche a le mieux servi les intérêts de la communauté québécoise? On ne saura jamais comment aurait évolué l'économie de la province sans *Québec inc.* Le grand capital anglo-canadien qui avait déjà amorcé son retrait du Québec depuis plusieurs décennies aurait-il redéménagé de Toronto vers Montréal? On peut se permettre d'en douter! Aurait-il par ailleurs été possible de moderniser l'économie et de donner des assises suffisantes à *Québec inc.* sans demander à l'État, et donc à la collectivité, d'assumer des risques? En cette matière, il faut rappeler que l'entreprise privée a échoué dans sa tentative de développer un véritable leadership à partir de ses bases traditionnelles. Sans l'appui massif que lui a consenti l'État et sans ce plan de modernisation qu'il lui a en grande partie imposé, il est improbable qu'une nouvelle génération d'entreprises aurait pu voir le jour. Le secteur privé a cependant toujours refusé de reconnaître l'évidence et c'est avec soulagement qu'il accueille le retour au pouvoir de Robert Bourassa en 1985.

▶ Bourassa : rupture ou continuité ?

Le gouvernement Bourassa prend le pouvoir au plus fort du débat sur le désengagement de l'État et la privatisation des entreprises publiques. Même si Robert Bourassa peut être considéré comme l'un des plus purs produits de la Révolution tranquille, plusieurs membres de son cabinet, dont Reed Scowen, Pierre Fortier, Paul Gobeil et Daniel Johnson (fils), qui incarnent une nouvelle génération de gestionnaires venus du secteur privé, vont se faire les chantres d'un capitalisme entièrement dévoué à l'entrepreneuriat privé et aux forces du marché. Le discours néolibéral dont les manifestations se faisaient de plus en plus présentes prend littéralement d'assaut le gouvernement. Dans le contexte de la seconde moitié des années 1980, il aurait sans doute été étonnant que la chose ne se produise pas. En effet, à Ottawa, les conservateurs venaient de prendre le pouvoir, en 1984, en promettant de libéraliser le marché et de privatiser plusieurs sociétés d'État, ce qu'ils ont rapidement fait en vendant une série d'entreprises publiques (la CIDC et Canadair notamment), en signant l'accord de libre-échange avec les États-Unis et en amorçant une réflexion de fond sur la réglementation.

La nouvelle bourgeoisie francophone qui, comme on le sait, n'est guère plus souverainiste que les générations de gestionnaires d'entreprises qui l'ont précédée, est ravie de l'arrivée des conservateurs au pouvoir à Ottawa. Le gouvernement Mulroney a promis de régler le dossier constitutionnel et, avant de passer la main, René Lévesque s'est lui-même dit prêt à tenter le « beau risque », en engageant une ronde de discussions avec le nouveau cabinet fédéral. Qui plus est, Mulroney est fils du Québec, ami des milieux d'affaires francophones et il propose un programme de privatisation qui est perçu comme un véritable eldorado par les conseils d'administration de plusieurs firmes en quête de bonnes occasions.

Quelques-unes tireront directement avantage du processus. Jeanne Laux note que le capital industriel francophone est probablement celui qui a le plus bénéficié de ces privatisations [33]. Certaines transactions importantes, dont la vente des Arsenaux canadiens à SNC, celle de Canadair au groupe Bombardier et celle encore plus spectaculaire de Téléglobe à Memotec, ont sans aucun doute contribué à l'élargissement du champ d'activité de l'entreprise privée francophone. Elles ont aussi mis en place quelques empires nouveaux, comme celui de Charles Sirois qui règne aujourd'hui sur le plus important groupe de télécommunication canadien construit autour de Téléglobe.

Un nouveau questionnement soulève donc, non pas la pertinence de poursuivre une politique de soutien à l'entreprise privée francophone, ce volet du modèle québécois continuant semble-t-il de faire consensus, mais la nécessité de le faire en recourant à des méthodes d'intervention fondées sur sa prise en charge par l'État. Les jeunes loups du nouveau cabinet québécois, adeptes du catéchisme néolibéral, ont maintenant le champ libre.

Les rapports Fortier, Gobeil et Scowen font, en canalisant la réflexion sur le désengagement de l'État, la privatisation et la déréglementation, une nouvelle lecture des enjeux liés à *Québec inc.* Mais aucun membre de ce gouvernement conquis aux idées des penseurs du nouveau libéralisme n'aura autant d'influence que Gérald Tremblay. Nous y reviendrons. Laissons pour l'instant au rapport Fortier, pièce maîtresse d'un présumé plan de privatisation des sociétés d'État, le soin d'introduire le sujet :

« Dans les années 1960, on voulait doter le Québec d'une infrastructure économique et managériale pour lui permettre d'occuper la place qui lui revenait dans l'espace économique nord-américain. La présence gouvernementale se substituait aux carences d'un secteur privé où les Québécois francophones étaient sous-représentés. Aujourd'hui, la réalité est très différente. Le Québec de 1986 reflète le rattrapage des vingt-cinq dernières années de la Révolution tranquille. Une nouvelle classe managériale francophone s'est imposée dans divers secteurs de l'économie. Un nombre record d'entreprises dynamiques ont percé, comme en témoignent les nouvelles inscriptions à la Bourse de Montréal. En fait, il est de plus en plus difficile de justifier l'interventionnisme du gouvernement au nom des carences de l'entrepreneurship québécois[34]. »

L'étude coût-bénéfice esquissée par le rapport Fortier critique surtout la faible rentabilité et la concurrence déloyale des sociétés d'État. Pour Fortier, tout l'appareillage d'entreprises publiques déployé par l'État n'avait au fond qu'un seul but, celui de créer des entreprises privées québécoises et, ce but ayant été atteint, leur existence n'a plus de raison d'être. Comme le lui reprochera Pierre Fournier quelques années plus tard, c'était là une façon de réduire à une question d'intérêts singuliers une démarche qui visait plutôt d'autres objectifs dont celui, plus prioritaire, de développer le Québec. De toute manière, ajoutera Fournier, « La preuve n'a certainement pas été faite que le secteur privé est en mesure d'assurer seul le développement de l'économie du Québec, ou que les entreprises québécoises ont maintenant les reins assez solides pour se passer de l'État[35]. »

Pour Fortier, la cause est de toute façon entendue, il faut maintenant s'inscrire dans le « nouvel ordre économique international qui dicte sa loi d'airain aux gouvernements. La croissance économique repose davantage sur des gains d'efficacité [...] Il n'est plus surprenant que la privatisation des sociétés d'État soit devenue, en l'espace de quelques années, un leitmotiv politique dans la plupart des pays industrialisés [36] ». Le virage proposé se situe dans un cadre qui considère comme inéluctable la mise en route d'un processus de privatisation et qui préconise de s'y engager en privilégiant les entreprises sous contrôle québécois. Dans les critères retenus, le rapport veut mettre l'accent sur des objectifs structurels. A quoi pense-t-on?

« Par exemple, pour des motifs structurants, les acheteurs éligibles d'une société d'État peuvent être limités à des entreprises dont le contrôle est entre les mains de citoyens du Québec, ce qui peut exclure de l'enchère finale des acheteurs potentiels sous le contrôle non québécois [37]. »

Des indiscrétions de différents membres du cabinet nous ont permis d'apprendre qu'après d'âpres discussions sur l'utilité des privatisations, un groupe de ministres plus favorables à la poursuite d'un certain interventionnisme s'est opposé au démantèlement du réseau des sociétés d'État et a préconisé une politique de privatisation plus sélective que celle à laquelle songeait Pierre Fortier. Une vingtaine d'entreprises d'État, comme la SNA, la Raffinerie de sucre, Madelipêche, Québecair et les mines Seleines, passent néanmoins au secteur privé. Le processus de mise en vente est par ailleurs défini de manière à favoriser les firmes du Québec et plusieurs sociétés sous pro-priété francophone, comme Unigesco (Provigo), Cascades et Normick-Perron, tirent les marrons du feu.

Un nouvel examen des mandats des entreprises publiques découlant des réflexions des rapports Gobeil et Scowen aboutit, quant à lui, à la mise en place d'un contrôle plus serré des activi-tés des sociétés d'État et, surtout, à l'établissement de règles de conduite visant à mettre fin à ce que le patronat dénonce comme des avantages indus sur le plan de la concurrence. Un rapport, déposé en 1988, fait état des mesures concrètes adoptées en vue d'atteindre ces objectifs [38]. Le résultat de ce processus sera d'amener non seulement les sociétés d'État, mais tout l'appareil gouvernemental, à se faire beaucoup plus discret et à redonner à l'entreprise privée une grande partie de l'initiative en matière de développement économique. On saura un peu plus tard que Gobeil et Fortier attendaient plus, beaucoup plus, et ont été très déçus des mesures adoptées par le gouvernement. Gobeil notamment rêvait d'un État géré selon les règles du secteur privé, rêve que l'on a ridiculisé en l'affublant du titre « d'État Provigo » (l'entreprise où le ministre travaillait avant son entrée en politique). Mais il reste qu'un virage majeur en direction du secteur privé est effectué et que le rôle de l'État est redessiné : celui-ci sera désormais un accompagnateur du secteur privé plutôt qu'un initiateur de projets.

Toutes les politiques reliées au développement économique favorisent une approche essentiellement centrée sur la croissance de l'entreprise privée. Par exemple, le premier énoncé de la stratégie de relance formulée à l'intention des régions par le ministre Marc-Yvan Côté dans un plan d'action rendu public en octobre 1988 stipule :

« L'orientation générale est basée sur l'affirmation que le développement régional repose essentiellement sur l'initiative des individus et sur leur entrepreneurship et, par conséquent, sur les dynamismes propres à chaque région [...] Le premier objectif vise à promouvoir l'initiative individuelle et l'entrepreneurship [...] le second objectif porte sur l'amélioration des conditions d'éclosion et de développement d'entreprises innovatrices [...][39]. »

Mais il n'est pas question de brader pour autant les éléments sans doute les plus productifs du modèle québécois. Le nouveau ministre de l'Industrie, Gérald Tremblay, émule de Porter, croit fermement que, pour atteindre les résultats du renouveau et conférer une position confortable au Québec dans le nouvel environnement mondial, il faut agir en concertation avec le milieu. Les grappes industrielles inventées par son ministère, tables sectorielles où siégeront des représentants des gouvernements, des milieux d'affaires et des syndicats, auront pour mandat de s'entendre sur un diagnostic et d'arrêter un plan d'action pour une série de secteurs où le gouvernement a choisi de consolider ou d'élargir les positions québécoises. Les grappes identifiées sont concurrentielles [40] ou stratégiques [41] selon leur capacité d'appuyer un rayonnement accru du Québec à l'étranger dans le premier cas, et selon leur contribution essentielle à l'économie québécoise dans le second. Le but fixé aux personnes invitées à siéger à ces grappes est simple, il s'agit de mettre en route un développement concerté apte à renforcer le tissu industriel québécois dans l'optique de construire une économie à valeur ajoutée. Leur mandat est d'identifier les changements à apporter, notamment à la réglementation, pour favoriser une plus grande synergie infrasectorielle et une compétitivité accrue sur les marchés d'exportation. Du modèle doit, en principe, émaner une croissance industrielle forte et la création d'emplois[42]. Certains éléments seront plus faciles à livrer que d'autres. Sur le plan de l'emploi, la situation québécoise se dégradera de façon importante sous l'effet combiné d'une récession au début des années 1990 et de rationalisations massives dans les entreprises.

Peut-on parler de stratégie économique? Il ne fait aucun doute que l'État appuie sa réflexion sur une philosophie relativement cohérente et qu'il l'applique dans des gestes quotidiens. Nous nous situons néanmoins loin des politiques visionnaires et chargées de contenu visant la modernisation de la structure industrielle québécoise auxquelles les précédents gouvernements nous avaient habitués. Dans la pratique, le gouvernement s'efforce néanmoins de préserver l'essence du modèle économique québécois et, surtout, de garder le cap sur le renforcement du capital francophone. Dans plusieurs dossiers, les ministères à vocation économique interviennent d'ailleurs en vue d'appuyer les efforts d'entreprises francophones intéressées à prendre pied sur les marchés extérieurs. Comme l'illustre le controversé dossier des ventes d'électricité aux Américains, ou ceux des exportations de bois de coupe et de viande de porc, Bourassa fait des efforts pour appuyer l'économie québécoise sur une politique d'intégration à l'économie continentale. Il suit une mode dédiée aux entrepreneurs et aux libres forces du marché. Il est en cela égal à lui-même. Au lendemain de sa mort, Gilles Lesage nous rappelait :

« Pragmatique, habile, obsédé de transitions sans heurts, plus à l'aise dans le contact personnel et le rase-mottes que dans les hauteurs exaltantes et le risque calculé, M. Bourassa sera moulé à la conjoncture et à sa lecture prudente de l'humeur populaire[43]. »

L'arrivée à la tête du gouvernement québécois de Daniel Johnson (fils) ne changera rien de fondamental à la politique économique de Québec. Tout au plus Johnson aura-t-il, à titre de ministre responsable de la région de Montréal, le mérite de remettre en évidence les problèmes de la métropole dans un document intitulé *Pour un redressement durable, plan stratégique du grand Montréal*. Ce document invite à la reconversion d'une économie montréalaise refondue dans une région élargie, mais rien ne peut être ici associé de près ou de loin à un quelconque plan stratégique. Les orientations retenues reprennent le discours modernisateur en vogue articulé autour de quatre axes : accroître la capacité d'innovation, accélérer la modernisation des entreprises, valoriser pleinement les ressources humaines et renforcer le soutien au développement des marchés. On y invite les entreprises à exploiter au maximum le marché public et à devenir plus compétitives. Dans le domaine de l'innovation et de la recherche et développement, la mesure la plus intéressante concerne la mise sur pied d'un fonds de soutien de 300 millions de dollars appelé Innovatech. On notera que le document ne lie plus la progression des secteurs à haute valeur ajoutée (ceux des grappes) aux entreprises sous contrôle québécois, mais aux investissements étrangers[44]. On y apprend que le ministère de l'Industrie, du Commerce et de la Technologie s'est doté d'une direction générale de la promotion des investissements étrangers, ce qui signifie un retour aux positions antérieures à la Révolution tranquille dans la stratégie de développement entrepreneurial.

Ce dernier choix soulève une foule de questions sur la perception du gouvernement, en cette fin des années 1980, de la capacité réelle des entreprises du Québec d'être l'instrument par lequel la province va exploiter ses avantages comparatifs au sein de la nouvelle économie mondiale. Implicitement, on reconnaît que l'entreprise locale n'a pas les assises requises pour assumer pleinement le leadership économique et servir de point d'appui au positionnement stratégique du Québec dans l'économie mondiale. L'appel au capital étranger vise précisément à garder le cap sur une économie ouverte sur le monde grâce à l'appui d'organisations susceptibles d'assumer, dans leur secteur respectif, un leadership au niveau planétaire. Le soutien à la « longue marche » des milieux d'affaires francophones sur la scène internationale est clairement déclassé dans l'ordre du jour par ce que l'on juge être la nécessité de repositionner instantanément le Québec dans les grands réseaux internationaux. Pour comprendre ce revirement, il faut se pencher sur la « performance » du secteur privé.

▶ Que fait le secteur privé de ce pouvoir qui vient de lui être transféré ?

Avec le retour des libéraux au pouvoir, le secteur privé a donc les coudées franches. Le gouvernement se met à son service et lui propose les nouveaux marchés publics résultant de la décroissance des appareils gouvernementaux[45]. L'application d'une politique de « faire faire » permet par ailleurs à une véritable fourmilière de consultants privés d'agir, au sein de la machine gouvernementale, sur le processus de compréhension et d'interprétation des actions du secteur privé. Cette nouvelle philosophie d'État fera la fortune de plusieurs bureaux de consultants parmi lesquels il faut mentionner SECOR dont l'empreinte est visible sur la plupart des dossiers gouvernementaux traités entre 1985 et 1994.

Or, que fait le secteur privé? Entre 1985 et 1989, les entreprises se préparent à la mondialisation des marchés (libre-échange, décloisonnement des marchés financiers, etc.), et ressentent plus que jamais l'urgence de se regrouper pour acquérir, si possible, une taille d'envergure internationale. Pour atteindre cet objectif, les milieux d'affaires privés plongent tête baissée dans une diversification tous azimuts qui amène plusieurs groupes à se comporter comme les plus puissantes sociétés de portefeuille. Provigo achète Sport Expert ; SNC investit massivement dans la fabrication ; Lavalin se porte acquéreur d'une série d'entreprises engagées dans des secteurs variés, allant de la construction navale à l'assemblage de camions en passant par la pétrochimie ; Bombardier se lance dans l'aventure aérospatiale avec l'achat de Canadair ; Socanav prend le contrôle de Steinberg, etc. Plusieurs entreprises prennent d'assaut les marchés extérieurs. Certaines transactions visent à élargir l'accès au marché canadien, comme l'achat d'UTDC et de Fenco par Lavalin. Divers efforts pour améliorer la présence québécoise sur le territoire américain sont déployés chez Héroux, Culinar, Saint-Hubert BBQ, Quebecor et Ivaco. D'autres investissements sont enfin orientés vers la conquête des marchés internationaux, notamment chez Lavalin, Cascades, SNC et Bombardier.

Même si le débat sur l'État se poursuit après 1985 et que différents services gouvernementaux et sociétés d'État sont mis à contribution dans la réalisation de la nouvelle stratégie d'expansion de l'entreprise québécoise, l'initiative appartient clairement à l'entreprise privée et c'est elle qui, sur le terrain, dicte le rythme et une grande partie des modalités de l'intervention gouvernementale.

Cette vaste stratégie de réorganisation de la base entrepreneuriale québécoise, développée et animée par l'entreprise privée, se révèle vite être une campagne très mal planifiée. Très peu de firmes ont vu venir la difficile récession dont nous commençons à peine à sortir en 1997 et beaucoup se sont investies dans la diversification sans trop se préoccuper des risques d'échec et des conséquences sur leur endettement. Le résultat sera catastrophique comme en témoignent les déconfitures successives de Steinberg et Lavalin, les difficultés de Provigo, les faillites dont celle, spectaculaire, du groupe Les Prévoyants et les nombreuses fermetures d'entreprises. Beaucoup d'efforts visant des implantations à l'étranger conduisent à des résultats décevants. Plusieurs projets américains avortent et diverses aventures européennes tournent mal. La progression de nombreux domaines, pourtant identifiés parmi les meilleurs atouts du Québec, comme l'ingénierie, sera lourdement affectée par ce retournement de situation[46].

Pour ce qui est de la conquête des marchés publics et en particulier celui du gouvernement fédéral, la plupart des efforts ont été, après 1985, canalisés vers le marché militaire, présenté comme un véritable eldorado dans le livre blanc sur la défense de 1987. Dans ce nouveau marché que plusieurs entreprises connaissaient fort mal, la fin de la guerre froide, la crise des finances publiques et un curieux processus de régionalisation des contrats militaires, dont nous faisons ailleurs l'analyse, mettent en difficulté de nombreux groupes industriels[47].

Avec le recul du temps, on ne peut que constater l'incapacité du secteur privé en général et des entrepreneurs francophones en particulier de se donner une stratégie profitable à la collectivité et de tirer avantage de la mondialisation de l'économie. La ruée sur les marchés internationaux et la curée sur les marchés publics se sont faites avec pour seul et unique objectif d'accélérer l'enrichissement le plus immédiat des entrepreneurs eux-mêmes et des actionnaires de leurs entreprises. Cette gloutonnerie a entraîné le gonflement de plusieurs dettes et placé en grande difficulté des individus et des organisations qui faisaient partie des symboles de la réussite québécoise, comme Michel Gaucher, Bernard Lamarre et le controversé Raymond Malenfant, ruiné par la déconfiture de son empire hôtelier pendant la récession de 1991. Le secteur privé, quant à lui, accusera le gouvernement de ne pas être allé assez loin dans ses réformes et de ne pas avoir, par exemple, mis en application les recommandations du rapport Gobeil[48]. Mais le secteur privé avait pratiquement la machine d'État à ses pieds. La réalité plus crue est que sa campagne lancée en vue de conquérir le monde s'est avérée un exercice mal planifié par des financiers et des gestionnaires qui n'avaient ni la maturité ni les ressources requises pour atteindre les objectifs visés. Au lieu d'être le tremplin de l'internationalisation des firmes francophones, la mondialisation de l'économie a mené à un retour en force des capitaux étrangers.

En l'espace de quelques mois, des dizaines d'entreprises ont été cédées à des intérêts non québécois. Le groupe Commerce et la compagnie d'assurances La Saint-Maurice ont été vendus à des Hollandais ; Steinberg a cédé ses parts de Club Price à des investisseurs américains ; André Lalonde Sport a été acquis par un homme d'affaires suisse ; alors que Distribution aux consommateurs est passée sous le contrôle de Belges et d'Anglo-Canadiens. Citons enfin la vente des intérêts québécois dans la division du matériel électrique du Groupe MIL à la firme française GEC-Alsthom[49]. En 1994, soixante ventes d'entreprises francophones ont été conclues avec des investisseurs étrangers.

S'agit-il d'un effet de conjoncture? De la conséquence inévitable de la mondialisation de l'économie? Du manque de leadership de la part du gouvernement? De la perte du «feu sacré» de la classe d'affaires francophone? D'un nouveau problème de transfert du pouvoir économique entre générations? D'une remise en question inéluctable du modèle québécois? Ou de la brutale prise de conscience de son échec? Pourtant, à peine dix ans plus tôt, cette classe d'affaires, ici remise en question, était célébrée sur presque toutes les tribunes. On en faisait l'éloge au superlatif, Jean-H. Guay affirmant même que ces nouveaux hommes d'affaires allaient changer le nationalisme québécois[50]! Faut-il donner raison à Léo-Paul Lauzon lorsqu'il affirme que la stratégie de développement de *Québec inc.* a permis à plusieurs incompétents de se retrouver à la tête d'organisations dont la survie ne tenait qu'à la générosité gouvernementale, elle-même alimentée par l'avoir collectif des Québécois[51], ou conclure avec François Moreau qu'on a beaucoup trop rapidement chanté victoire et que la reconquête du pouvoir économique par les francophones est demeurée un processus à la fois fragile et vulnérable[52]? À la lumière du cheminement accompli depuis 1960 et de la conjoncture présente, il est maintenant temps de se requestionner sur ce modèle québécois incarné par *Québec inc.*

▶ Notes

1. Le mot est de Jacques Parizeau, « Un vibrant plaidoyer pour la nouvelle garde des entrepreneurs québécois », *La Presse*, 27 août 1983.
2. René Lévesque, « Le système économique du Parti québécois », *La Presse*, 8 avril 1972.
3. Jacques Parizeau, « Un vibrant plaidoyer pour la nouvelle garde des entrepreneurs québécois », *La Presse*, 27 août 1983.
4. Robert Boyer, « La crise structurelle : une mise au point en perspective historique », *Critique de l'économie politique*, n°s 7-8, 1979.
5. Gouvernement du Québec, Secrétariat permanent des conférences socio-économiques du Québec, *La conférence au Sommet, Québec, 1982, Rapport*, Québec, 1982, p. 108.
6. OPDQ, *Prospective socio-économique du Québec*, Québec, Éditeur officiel du Québec, 1977.
7. Gouvernement du Québec, Ministère du Conseil exécutif, *Bâtir le Québec*, Québec, Éditeur officiel du Québec, 1978.
8. Conseil de la planification et de développement du Québec, *Les données d'une politique industrielle pour le Québec*, Québec, Éditeur officiel du Québec, 1980.
9. Gouvernement du Québec, Ministère du Développement économique, *L'épargne, Rapport du groupe de travail sur l'épargne au Québec*, Québec, Éditeur officiel du Québec, 1980.
10. Gouvernement du Québec, Ministère de l'Industrie et du Commerce, *Rapport au comité d'étude sur le fonctionnement et l'évolution du commerce au Québec*, Québec, Direction des communications, 1979.
11. Gouvernement du Québec, Ministère de l'Agriculture, des Pêcheries et de l'Alimentation, *Nourrir le Québec, perspectives de développement du secteur de l'agriculture, des pêches et de l'alimentation pour les années 1980*, Québec, Éditeur officiel du Québec, 1981.
12. Gouvernement du Québec, Ministère du Développement économique, *L'électricité, facteur de développement industriel au Québec*, Québec, Éditeur officiel du Québec, 1980.
13. François-Marie Monnet, *Le défi québécois*, Montréal, Éditions Quinze, 1977, p. 158.
14. Gouvernement du Québec, *La nouvelle entente Québec-Canada. Proposition du gouvernement du Québec pour une entente d'égal à égal : la souveraineté-association*, Québec, Éditeur officiel du Québec, 1979.
15. Bureau de la statistique du Québec, *Exportations internationales du Québec*, Québec, Éditeur officiel du Québec, 1982.
16. Déclaration citée par Jean-Paul Gagné, « Faire des Québécois les exportateurs les mieux traités », *Les Affaires*, 19 février 1985.
17. Matthew Fraser, *Québec inc.*, Montréal, Les Éditions de l'Homme, 1987, p. 219.
18. Corporation des comptables en management du Québec, *Guerriers de l'émergence*, Montréal, Québec/Amérique, 1986.
19. Pierre-André Julien et Bernard Morel, *La belle entreprise*, Montréal, Boréal, 1986.
20. Jean-Marie Toulouse, *Les réussites québécoises*, Montréal, Éditions Agence d'Arc, 1980.
21. L'informateur, *Profils d'entreprises québécoises*, Montréal, Éditions l'Informateur, 1981, p. 7.
22. François Vaillancourt et Michel Leblanc, *La propriété de l'économie du Québec en 1991 selon le groupe d'appartenance linguistique*, Québec, Office de la langue française, 1993.
23. René Champagne, *Évolution de la présence francophone parmi les hauts dirigeants des grandes entreprises québécoises entre 1976 et 1993*, Québec, Office de la langue française, 1995.
24. François Moreau, « La résistible ascension de la bourgeoisie québécoise », dans Gérard Daigle et Guy Rocher, *Le Québec en jeu*, Montréal, Presses de l'Université de Montréal, 1992.
25. André Raynauld et François Vaillancourt, *L'appartenance des entreprises : le cas du Québec en 1978*, Québec, Conseil de la langue française, 1984.

26. François Vaillancourt et Michel Leblanc, *La propriété de l'économie du Québec en 1991 selon le groupe d'appartenance linguistique*, Québec, Office de la langue française, 1993.

27. François Rocher, «Le Québec en Amérique du Nord : la stratégie continentale», dans Alain-G. Gagnon, *Québec : État et société*, Montréal, Québec/Amérique, 1994, p. 471.

28. François Moreau, «La résistible ascension de la bourgeoisie québécoise», dans Gérard Daigle et Guy Rocher, *Le Québec en jeu*, Montréal, Presses de l'Université de Montréal, 1992.

29. Marcel Côté et Léon Courville, «La perception de la Caisse de dépôt et de placement du Québec par les chefs d'entreprises», dans Claude E. Forget, *La Caisse de dépôt et placement du Québec, sa mission, son impact et sa performance*, Toronto, Institut C.D. Howe, 1984.

30. Mario Polèse, «La thèse du déclin économique de Montréal revue et corrigée», *L'Actualité économique*, vol. 66, n° 2, juin 1990.

31. Marcel Coté, *Un cadre d'analyse pour le Comité ministériel permanent de développement du grand Montréal*, texte ronéotypé, 1ᵉʳ octobre 1990.

32. Pierre Bouchard, *Les enjeux de la francisation des entreprises au Québec, (1977-1984)*, Québec, Office de la langue française, 1991.

33. Jeanne Laux, «La privatisation des sociétés d'État au Canada», *Interventions économiques*, n° 18, 1987.

34. Gouvernement du Québec, Ministère des Finances, Ministre délégué à la privatisation, *Privatisation de sociétés d'État, orientations et perspectives*, (Rapport Fortier), Québec, février 1986.

35. Pierre Fournier, «La privatisation au Canada : une analyse critique de la situation», *Revue internationale des sciences administratives*, vol. 56, n° 1, 1990, p. 124.

36. Gouvernement du Québec, Ministère des Finances, Ministre délégué à la privatisation, *Privatisation de sociétés d'État, orientations et perspectives*, (Rapport Fortier), Québec, février 1986, p. 12.

37. Gouvernement du Québec, Ministère des Finances, Ministre délégué à la privatisation, *Privatisation de sociétés d'État, orientations et perspectives*, (Rapport Fortier), Québec, février 1986, p. 33.

38. Gouvernement du Québec, Ministre délégué aux Finances et à la Privatisation, *Privatisation des sociétés d'État, rapport d'étape 1986-1988*, Québec, octobre 1988.

39. Gouvernement du Québec, *Plan d'action en matière de développement régional,* Québec, 1988, p. 13.

40. Aérospatiale, transformation des métaux, produits pharmaceutiques, produits de l'information, équipements de production.

41. Équipement de transport terrestre, pétrochimie, mode-textiles, produits de la forêt, produits bioalimentaires, industries culturelles, construction et environnement.

42. Pour une analyse des forces et des faiblesses de chacune de ces grappes et une présentation complète du modèle, voir Pierrette Gagné et Michel Lefèbvre, *L'Atlas industriel du Québec*, Montréal, Publirelais, 1993.

43. Gilles Lesage, *Le Devoir*, 3 octobre 1996.

44. Gouvernement du Québec, Comité ministériel permanent du développement du Grand Montréal, *Pour un redressement durable, plan stratégique du grand Montréal*, Québec, Éditeur officiel du Québec, 1991, p. 42.

45. Une proposition clairement énoncée dans le plan stratégique du Grand Montréal.

46. Une dizaine d'années plus tôt, la firme Major et Major situait le Québec parmi les centres mondiaux de l'ingénierie. Voir Major et Major, *Les activités des sociétés québécoises de génie-conseil et de leurs effets d'entraînement*, Montréal, OPDQ, 1981.

47. Yves Bélanger et France Maltais, «La distribution régionale des contrats de défense : une donnée du problème de l'industrie militaire québécoise», *Interventions économiques,* n° 26, 1995.

48. Voir l'intéressante argumentation de Jean-H. Guay, «Le patronat une année d'incertitude», dans Denis Monière, *L'année politique au Québec 1993-1994*, Montréal, Le Devoir-Québec/Amérique, 1995.

49. J.P. Gagné, « Recul du contrôle de l'entrepreneuriat québécois sur les entreprises canadiennes », *Les Affaires*, 15, janvier 1994.

50. Jean-H. Guay, « Le patronat une année de transition », dans Denis Monière, *L'année politique au Québec : 1989-1990*, Montréal, Le Devoir-Québec/Amérique, 1991.

51. Léo-Paul Lauzon, *Le régime d'épargne actions du Québec : une analyse critique,* Montréal, Services aux collectivités de l'UQAM, 1993.

52. François Moreau, « La résistible ascension de la bourgeoisie québécoise », dans Gérard Daigle et Guy Rocher, *Le Québec en jeu*, Montréal, Presses de l'Université de Montréal, 1992.

CHAPITRE 7

Où en est *Québec inc.* ?
Où va le modèle québécois ?

La définition de *Québec inc.* retenue au chapitre premier mentionne essentiellement trois éléments :

1) la formation d'une alliance entre les pouvoirs public et privé visant 2) la prise en main des leviers économiques du Québec et appuyée par 3) des organisations socioéconomiques motivées par la poursuite d'une politique de croissance.

Nous nous proposons, dans ce dernier chapitre, de faire le point sur la situation actuelle de l'entreprise francophone et plus largement du Québec sur chacun de ces trois éléments.

► L'alliance nouvelle entre le privé et le public

Depuis les années 1960, les relations entre le secteur privé et le secteur public ont beaucoup changé. Rétrospectivement, on peut dire que le privé a assumé le leadership dans ces relations à deux reprises, soit pendant la première moitié des années 1960 et entre 1985 et 1994. Pendant ces deux périodes, la machine gouvernementale s'est pour l'essentiel cantonnée dans un rôle de soutien et, à une exception majeure, soit la nationalisation de l'hydro-électricité en 1962, les initiatives de conception purement gouvernementales se sont faites rares. Il faut bien reconnaître que le bilan qu'il convient de tirer de ces deux phases du développement entrepreneurial n'est pas très reluisant avec son cortège d'erreurs et un manque de vision qui se sont avérés coûteux pour le contribuable.

Sur le marché intérieur, les milieux d'affaires ont le plus souvent progressé grâce au renoncement de l'État (privatisations, déréglementation, etc.). Il faut reconnaître l'évidence : le pouvoir d'une classe d'affaires, si inventive et dynamique soit-elle, ne peut se constituer que par une longue accumulation au cours de laquelle elle peut acquérir l'expérience qui l'incitera à se détacher un peu des objectifs de rendement à court terme et d'une pratique centrée uniquement sur l'enrichissement individuel. En tenant pour acquis que le secteur privé avait la maturité requise, nous avons laissé l'arrivisme, l'opportunisme et une certaine médiocrité prendre le contrôle de l'économie.

Pendant la quinzaine d'années où l'initiative était dans le camp gouvernemental, le secteur public s'est donné une foule d'instruments économiques pas toujours efficaces, certes, mais qui sont parvenus à la fois à combler certaines faiblesses de l'économie québécoise et à contribuer au renouvellement de l'entrepreneuriat. Certaines conditions étaient sans doute réunies dans l'entreprise privée francophone, mais c'est l'État qui a créé *Québec inc.*

La machine gouvernementale n'est cependant pas non plus sans reproche. Lente à réagir, souvent plus habile à étudier et à diffuser de grands plans qui demeurent sans lendemain, elle a commis de graves erreurs dont une des plus déplorables est d'avoir totalement raté le virage de la planification au milieu des années 1960. On pourrait citer d'autres dossiers qui n'ont pas grandi le Québec, comme celui de la Raffinerie de sucre du Mont-Saint-Hilaire, le projet d'usine automobile SOMA [1] (SGF-Renault) ou encore la fondation de la Société nationale de l'amiante (SNA) créée par le gouvernement Lévesque dans le but de redonner vie à une industrie qui a perdu sa raison d'être. En fait, l'État québécois, dont les pouvoirs provinciaux sont limités, ne pouvait pas importer ces modèles de gestion macro-économiques qui ont donné des résultats si spectaculaires en France ou en Suède. Cet État n'avait ni les moyens ni les outils requis, de sorte qu'il s'est endetté et souvent carrément fourvoyé. Les plus grandes réussites sont parties de préoccupations sectorielles et d'actions ponctuelles — comme la création de la

Caisse de dépôt, la mise sur pied de Provigo ou l'achat de Domtar — ce qui n'est pas de nature à rassurer ceux qui pensent que l'État a pour mission première d'orienter la société.

C'est ici qu'entre en scène la concertation, sur laquelle nous nous pencherons un peu plus loin. Signalons pour l'instant que sans cette concertation, il serait difficile d'arbitrer les relations entre le secteur privé et le secteur public et improbable de formuler des projets de nature collective suffisamment soutenus pour déboucher sur des stratégies payantes en matière de développement économique. La concertation a, dans une certaine mesure, pallié les faiblesses structurelles de l'État québécois et permis aux milieux d'affaires de recevoir un minimum de soutien de la part des organisations syndicales et socioéconomiques. Encore ici, c'est sur le terrain local et au niveau sectoriel que les meilleurs résultats ont été obtenus. À l'échelon provincial, les exercices de concertation ont rempli une fonction médiatique probablement utile au gouvernement, mais somme toute assez peu productive.

Comment ce curieux système État-entreprise privée évolue-t-il présentement?

Selon toute évidence, on cherche actuellement un nouveau point d'équilibre entre le secteur privé et le secteur public. Pour plusieurs stratèges économiques influents, l'entreprise privée est en meilleure position qu'elle ne l'était il y a trente ans et il serait futile pour le Québec de chercher à combattre les mouvements de fond de l'économie mondiale. Jacques Parizeau, celui-là même qui a imaginé en grande partie la politique étatiste des années 1960, écrivait récemment :

« La politique économique du Québec, aujourd'hui comme demain, doit être assez différente de ce qu'elle fut au cours des années qui suivirent la Révolution tranquille. Les instruments dont la société québécoise avait besoin pour moderniser et réorganiser l'économie sont créés. Ce que j'ai appelé la garde montante a maintenant bien en main les commandes de la majeure partie de l'économie du Québec. Mais le chômage de longue durée s'est considérablement accru. Une part de la population est tombée dans une trappe de pauvreté dont elle ne sort plus. Les industries de pointe ou modernes progressent rapidement, mais la reconversion des vieux secteurs n'est pas terminée. L'ALENA fournit un cadre étonnant d'expansion [...][2]. »

L'ex-premier ministre revenait à la charge en octobre 1997 en faisant cette fois directement référence à la privatisation d'Hydro-Québec[3]. Il semble avoir de solides appuis dans ce qui pourrait relancer la croisade en faveur des privatisations. Le président de SNC-Lavalin, Jacques Lamarre, affirmait à peu près au même moment qu'il faut remettre en question le « concept de société des années 60 où l'État devait tout faire et tout posséder[4] » et un colomniste du journal *Les Affaires* évoquait avec nostalgie le onzième (!) anniversaire du rapport Gobeil[5]. Par ailleurs, une fuite permettait à plusieurs journalistes de mettre la main sur un vaste plan de restructuration des sociétés d'État sous l'autorité de la SGF, plan qui ressemble à s'y méprendre à une privatisation sans le nom et qu'a salué avec enthousiasme la très néolibérale Monique Jérome-Forget[6]. Cela s'apparente beaucoup à une action concertée. Quoi qu'il en soit, le président de la SGF, Claude Blanchette, vient de recevoir le feu vert pour regrouper, comme il le proposait, plusieurs sociétés d'État importantes[7].

Toute la machine économique du gouvernement du Parti québécois perçoit la mondialisation de l'économie et les changements structurels qu'elle entraîne comme une occasion favorable. L'intégration à l'économie mondiale est devenue une voie à promouvoir pour Bernard Landry, que les fonctions de vice-premier ministre, ministre responsable du Développement économique et ministre des Finances situent au centre même de l'organisation qui a pour charge de définir la place que l'État veut occuper sur le plan économique et la stratégie qu'il entend mettre de l'avant pour promouvoir la relance de l'économie québécoise. Landry joue la carte de l'intégration à l'économie mondiale et a donc fait le choix de promouvoir l'investissement étranger, l'amélioration de la compétitivité des firmes québécoises et une politique axée sur les secteurs où le Québec peut soit exploiter ses avantages comparatifs, soit profiter d'une expansion nouvelle (nouvelle économie). Cette politique s'inscrit dans le prolongement de *Bâtir le Québec 2* et de la politique des grappes industrielles. Elle est également en harmonie avec la position que le Québec s'est donnée au moment de la négociation de l'ALENA en choisissant de chercher à exploiter les avantages que le libre-échange est susceptible de lui conférer sur le marché américain, en mettant en valeur ses avantages comparatifs et en préconisant une adaptation à la concurrence extérieure[8].

Une telle stratégie implique forcément que le Québec s'adapte, au moins au plan de la forme, au modèle économique américain qui définit les normes à promouvoir non seulement sur le théâtre continental, mais aussi, de plus en plus, sur la scène internationale. Rappelons à cet égard l'âpre lutte que les fabricants américains livrent au consortium européen Airbus et l'incidence de ce dossier sur les privatisations en Europe. Le Québec est également contraint à tout le moins de réfléchir sur la forme de propriété des grands outils de développement économique qu'il faut promouvoir sur son territoire.

Jusqu'à maintenant la réduction de la machine gouverne-mentale, que Lucien Bouchard considère comme indispensable à l'atteinte de son objectif de déficit zéro, a plutôt pris la direction de coupures massives dans les budgets de l'éducation et de la santé[9]. On semble donc, pour l'instant, remettre à plus tard les projets de privatisation, mais sans fermer la porte. Sans doute tire-t-on quelques leçons pertinentes de la gestion des affaires publiques menée par le gouvernement libéral après l'élection de 1985. On reprend également conscience de ce que la cinquan-taine de sociétés d'État, dont les actifs représentent quelque 115 milliards de dollars, sont en mesure d'offrir comme levier de développement et la tentation est forte de remettre cette puis-sance économique au travail en ne la soumettant pas à la seule logique du rendement trimestriel. Les choix fondamentaux de ce gouvernement face au rôle de l'État demeurent encore imprécis.

Au plan de l'organisation gouvernementale même, jamais depuis trente ans n'a-t-on pu observer une telle concentration du pouvoir économique. Ce pouvoir est exercé par un petit cercle d'initiés tous placés sous l'autorité du vice-premier ministre et tous dépendants (SGF et Caisse de dépôt notamment). Cette concentration du pouvoir peut inquiéter, mais elle a au moins le mérite d'offrir la possibilité de dégager une analyse plus cohérente de la situation québécoise et de formuler une politique qui risque moins de s'embourber dans les querelles internes. Il reste à savoir si l'État a en main les outils nécessaires pour formuler un diagnostic clair et proposer une médication efficace. L'équipe de Bernard Landry travaille actuellement à la rédaction d'un nouveau plan de développement qui nous éclairera sans doute sur les objectifs qu'il entend poursuivre.

Même si le gouvernement ne coupe pas les ponts avec l'idéologie néolibérale du «tout à l'entreprise privée», de la «régulation par le marché» et de la déréglementation, comme le confirment le processus d'allégement du cadre réglementaire en cours dans le secteur de l'énergie ou encore la privatisation d'une partie des soins de santé, les priorités ne sont plus celles d'il y a cinq ans. Le gouvernement semble vouloir jouer un rôle beaucoup plus proactif dans la mise en œuvre de ses stratégies en matière de développement, non seulement face au marché intérieur, mais aussi sur les marchés extérieurs. On peut ici citer en exemple la mission que s'est récemment attribuée Hydro-Québec de devenir un développeur de classe internationale ou la création par la Caisse de dépôt, en 1996, de deux sociétés d'investissement à l'étranger dont l'une est mondiale et vise explicitement à appuyer le savoir-faire québécois sur la scène internationale. D'une certaine façon, les grandes sociétés d'État veulent redevenir le fer de lance qu'elles étaient au cours des années 1970, mais en suivant un programme qui ne vise plus la reprise du contrôle de l'économie québécoise, mais plutôt l'amélioration de la position de celle-ci et des entreprises qui la supportent sur le marché mondial. Les cibles économiques gouvernementales sont peu nombreuses mais pointent des domaines jugés porteurs comme l'aéronautique, les télécommunications, le multimédia, les biotechnologies, les produits pharmaceutiques et les équipements médicaux.

Mais est-il possible de poursuivre une politique aux relents de néolibéralisme tout en se faisant les porteurs d'une stratégie qui recrée un dirigisme d'État? On cherche ici le meilleur des deux mondes. Jusqu'à maintenant, une gestion très pragmatique et une forte concentration du pouvoir économique ont permis d'éviter que de trop importantes fractures ne se produisent. Il n'est pas interdit de penser que le chemin choisi mène à un renouvellement du modèle québécois qui logerait quelque part entre l'État-providence que l'on sait moribond et l'État néolibéral dont les excès entraînent une confrontation sociale inconciliable avec la gestion par consensus si indispensable à ce modèle québécois.

Le secteur privé est donc ici convié à jouer un rôle sans doute moins central qu'entre 1985 et 1994 dans l'orientation de la politique économique, ce qui ne signifie aucunement toutefois qu'il n'en sera pas le premier bénéficiaire. Toute l'énergie que le gouvernement québécois a déployée au Salon aéronautique du Bourget 1997 pour supporter grandes et moyennes entreprises de l'industrie aérospatiale québécoise est un bon indicateur des orientations que l'on entend privilégier. Il n'est aucunement question de relancer d'une manière ou d'une autre les stratégies purement étatistes qui ont suivi la victoire du PQ en 1976.

Le gouvernement veut soutenir le secteur privé. Depuis le retour au pouvoir du Parti québécois, le programme gouvernemental qui a été le plus populaire, bien que très déficitaire — il a perdu 116 millions de dollars entre 1994 et 1997 — est le plan Paillé, ensemble de mesures dont l'objectif est de favoriser la création d'entreprises par les jeunes[10]. En ce domaine, le gouvernement prend appui sur un sentiment populaire qu'il n'est pas possible d'ignorer. Un sondage réalisé en janvier 1997 indique que 80% des adultes considèrent que les entreprises sont bien vues dans notre société et que 65% des jeunes veulent devenir entrepreneurs[11].

Par ailleurs, le partenariat est redevenu le maître mot de la plupart des ministères et des sociétés d'État. Hydro-Québec annonçait récemment que sa politique de R-D allait désormais s'appuyer sur des partenariats avec l'entreprise privée, ce qui annonce le retour de projets de construction de petites centrales sous propriété privée. La Caisse de dépôt a quant à elle commencé, en 1996, à attribuer des mandats de gestion de portefeuille à des firmes privées. Elle venait, un an auparavant, de se doter de sa propre société de capital de risque destinée à soutenir l'innovation et l'entrepreneuriat.

TABLEAU 7.1

Les plus grandes entreprises privées non financières, tableau comparatif, 1996

	Siège social	Actif (en milliards de dollars)
Internationales		
GE	États-Unis	168,3
Ford Motors	États-Unis	147,0
Mitsui	Japon	144,9
Mitshubishi	Japon	140,2
Itochu	Japon	135,5
Canadiennes		
BCE	Montréal	24,6
Seagram	Montréal	13,3
George Weston	Toronto	13,0
Noranda	Montréal	12,9
Alcan	Montréal	12,3
Francophones du Québec		
Bombardier	Montréal	6,5
Quebecor	Montréal	5,4
Domtar	Montréal	3,2
Vidéotron	Montréal	2,5
Cascades	Kingsey Falls	1,9

Source : Rapports annuels.

Un tel choix est-il opportun? Comme nous le verrons dans la prochaine section, il y a eu progression du contrôle francophone sur l'économie de la province, mais les firmes francophones qui peuvent réellement prétendre disposer d'une personnalité inter-nationale sont encore très peu nombreuses [12]. Et ces entreprises sont des naines si on les compare aux grandes multinationales, y compris les grandes entreprises canadiennes. Exception faite de Desjardins (qui s'apparente à une banque malgré son statut coopératif [13]), la plus importante société privée sous contrôle francophone québécois, Bombardier, est quatre fois plus petite que le groupe anglo-canadien BCE et 26 fois moins importante que la multinationale GE. Les cinq plus grandes entreprises du Québec sous contrôle privé francophone représentent un actif global qui équivaut à peine à 3 % de celui des cinq principales multinationales et à 25 % de celui des cinq principales firmes privées anglo-canadiennes. Seulement neuf des cent plus importantes entreprises canadiennes non financières étaient sous propriété francophone et québécoise en 1994 [14]. Des vingt-cinq plus importants sièges sociaux canadiens, dix sont situés à Montréal et seulement quatre appartiennent à des francophones du Québec [15]. Notons par ailleurs que quelques francophones, comme Charles Sirois, président de Téléglobe, sont parvenus à se hisser à la tête d'entreprises qui disposent de la masse critique pour se mondialiser. C'est mieux qu'en 1960, mais toujours insuffisant. Les meilleurs outils qu'ont les Québécois pour tenter de tirer avantage du contexte actuel demeurent sous contrôle public. Il ne faudra jamais oublier qu'Hydro-Québec compte toujours sur un actif neuf fois plus gros que celui de Bombardier.

L'ouverture sur le monde, c'est aussi Montréal, cette métropole fragmentée, dénigrée dont, semble-t-il, personne ne veut mais qui, n'en déplaise aux responsables de la politique économique de Québec, est le passage obligé de toute stratégie tournée vers l'extérieur. Luc-Normand Tellier prédit son effondrement total d'ici 2060 si un sérieux coup de barre n'est pas donné [16]. François Normand et Paul Durivage semblent, quant à eux, déceler de nombreux signes de renouvellement dans l'économie métropolitaine [17]. Les problèmes de Montréal sont identifiés depuis longtemps et on peut les résumer en évoquant le « trou de beigne », c'est-à-dire une dynamique qui défavorise la ville-centre au profit des banlieues. Entre 1971 et 1996, les municipalités de l'Île de Montréal ont perdu une proportion plus élevée de leur population (-9,4 %) que la Gaspésie (-9,2 %) [18], région que l'on dit pourtant à l'article de la mort. Pour soutenir ses infrastructures, Montréal taxe, et les PME fuient. Du côté des grandes entreprises, les départs de firmes anglophones ne sont plus aussi fracassants qu'en 1976, mais se font en douce, sous le couvert de rationalisations.

Les solutions aux problèmes de Montréal sont également connues. Contrairement aux idées reçues, elles relèvent surtout d'enjeux politiques. Il faut freiner l'étalement urbain, accroître d'une façon ou d'une autre les revenus de la métropole sans augmenter les taxes foncières et réinciter les grandes entreprises à s'intaller sur son territoire, mais en s'adressant à la bonne communauté. Comme le rappelle Jacques Parizeau :

« Tout ce qu'il faudra éviter, c'est de croire que l'amélioration des rapports avec la communauté anglaise de Montréal est une sorte de condition nécessaire à la création d'emplois et au rassemblement de capitaux. Cela fait longtemps que cela n'est plus le cas[19]. »

Il se trouve encore des analystes qui associent le déclin de Montréal au départ de décideurs importants et fortunés (entendre des membres de la communauté anglophone) et à l'incertitude politique [20]. On finirait par y croire s'il n'y avait toutes ces nouvelles recherches qui décrivent un important processus de renouvellement de l'économie montréalaise. La firme Price Waterhouse concluait en octobre 1995 que Montréal occupe une position enviable au sein des grandes villes nord-américaines en ce qui a trait aux secteurs de pointe comme l'aérospatiale, les technologies de l'information et celles du domaine de la santé [21]. La métropole s'est en effet reconstituée une masse critique dans ces secteurs, ce qui lui ouvre de nouvelles portes sur les marchés internationaux et diminue d'autant le poids que la performance de sa vieille économie manufacturière pouvait laisser peser sur son présent et son avenir. Ce processus n'est pas le seul fait des entrepreneurs privés, il découle également des efforts déployés par les gestionnaires du secteur public, même si certaines expériences, comme Montréal international, déçoivent.

Pour assainir le climat montréalais, il faut aussi mettre un terme aux déchirements intermunicipaux et aux querelles que Québec et Ottawa se mènent précisément sur le dos de Montréal. Charles Halary, dans un article corrosif, associe les phénomènes politiques qui polluent l'environnement montréalais au « ruralisme culturalo-politique » et fait remarquer que la métropole québécoise est non seulement la pierre d'assise de la modernisation économique du Québec, mais aussi le tremplin de son rayonnement culturel [22]. Les batailles entre les partitionnistes et leurs opposants, entre les stratégies électoralistes fédérales et provinciales, entre les villes de banlieue et la ville-centre, sapent les efforts de ceux qui souhaiteraient que Montréal soit leur instrument d'ouverture sur le monde.

Au chapitre des contributions privée et publique au développement de l'économie québécoise, nous connaissons donc actuellement une période de redéfinition qui rompt avec les visions simplistes et les recettes miracles. La nature des relations à établir entre le secteur privé et le secteur public est en pleine mutation, et bien malin celui qui pourrait décrire la forme précise que le modèle québécois adoptera. Devant le gigantisme de la tâche imposée par la mondialisation, le secteur privé semble avoir redécouvert quelques-unes des vertus de l'État mais n'en reste pas moins à l'affût et espère qu'on le laissera bientôt reprendre le contrôle de la politique de développement, ce qui, soit dit en passant, se traduirait sans doute par l'abolition même du concept. De son côté, la machine gouvernementale a bien compris que le système international imposé par les Américains n'offre pas d'avenir au dirigisme gouvernemental et est plus intolérant que jamais à l'endroit de l'interventionnisme direct tel que l'ont pratiqué les sociétés d'État québécoises dans le passé. Mais est-il possible de parvenir à un meilleur arrimage entre le privé et le public, qui serait à la fois respectueux des responsabilités gouvernementales envers la collectivité et soucieux de la relance de l'entrepreneuriat privé? La question demeure en suspens !

▶ La prise en main des leviers économiques du Québec

Il faut ici souligner deux évidences. Premièrement, comme nous l'avons vu dans les chapitres précédents, la progression du contrôle francophone de l'économie québécoise a été importante au cours des trois dernières décennies. Deuxièmement, les clivages entre les groupes entrepreneuriaux francophones et anglophones sont moins grands aujourd'hui, en partie parce qu'il n'est plus vraiment possible pour une entreprise, même de calibre mondial, de faire des affaires au Québec sans avoir à son service un minimum de cadres francophones. Sur ces deux tableaux, rien n'est cependant acquis.

Voyons d'abord ce qu'il en est de la francisation des hautes directions. Depuis que la pression des revendications linguistiques s'est relâchée, plusieurs entreprises sous contrôle anglophone, surtout celles qui donnent à leur mission une perspective canadienne ou continentale, se préoccupent moins du fait français et ont tendance à recruter leurs cadres au sein de la communauté anglophone. Le cas du CN en est un bon exemple. À la suite des dénonciations dont elle avait été l'objet dans les années 1960, cette entreprise, qui était à l'époque une société d'État dont le siège social se trouvait à Montréal, avait adopté une politique de bilinguisme et fait un effort pour recruter des cadres francophones. Depuis sa privatisation, son passage sous contrôle d'actionnaires américains, son intérêt grandissant pour le marché nord-américain, la relocalisation de plusieurs de ses services dans l'Ouest canadien et l'arrivée à sa direction de l'ex-secrétaire du Bureau du Conseil privé, Paul Tellier, le français recule dans de nombreux services et le nombre de cadres francophones est en diminution.

En ce qui concerne le contrôle de l'économie, on a assisté au cours des dernières années à la vente de plusieurs firmes francophones à des intérêts étrangers. DMR, le Groupe Hamelin, Prévost, Canstar, Softimage, F.F. Soucy, GEC, SIDBEC, Reno-Dépôt, le Groupe Commerce, Urgel Bourgie, La Place Dupuis, Nova Bus, Circo Craft, MIL, Sodarcan et d'autres sont toutes passées sous contrôle étranger. Le nombre des ventes de firmes ayant des actifs au Québec ne cesse de s'accroître. On en a dénombré 60 en 1994, 96 en 1995 et pas moins de 71 entre janvier et juin 1996. Dans près de la moitié des cas, il s'agit de firmes manufacturières passées sous propriété américaine. Le rapport annuel 1996-1997 du ministère de l'Industrie, du Commerce, de la Science et de la Technologie fait état, pour

1996, de 35 projets d'investissement de plus de 20 millions de dollars provenant de firmes étrangères. Cette compilation, qui exclut les prises de contrôle, évalue à 2,3 milliards de dollars l'injection de capitaux associée à ces projets. Pour bien saisir la portée de ces chiffres, il faut retenir qu'au cours de la même période, seulement 19 projets totalisant 1,2 milliard de dollars sont venus de l'économie domestique (comprise ici comme l'économie canadienne)[23].

Évidemment, ce phénomène est directement lié à la continentalisation de l'économie et il n'y aurait pas lieu de s'en inquiéter outre mesure s'il y avait contrepartie. Tel n'est cependant pas le cas. Les entreprises francophones du Québec ont manifestement de la difficulté à prendre pied aux États-Unis et ailleurs dans le monde. La direction de la firme Biron Lapierre, entreprise spécialisée dans les transactions, révélait en 1996 qu'elle recevait des firmes du Québec dix mandats de vente contre un seul d'acquisition [24]. L'auteur de cette déclaration affirmait que même si le Québec dispose de 40% du capital de risque accessible au Canada, les entreprises du Québec continuent de manquer d'argent pour financer de grosses transactions. Encore le spectre de ce problème financier qui handicape les milieux d'affaires francophones depuis plus de deux cents ans. Plusieurs groupes importants, comme Cascades, Quebecor, Bombardier, Hydro-Québec ou Donohue, poursuivent avec agressivité des stratégies de croissance sur la scène internationale, mais leurs gains n'arrivent pas à annuler les pertes qu'ont occasionnées les ventes d'autres entreprises.

Notre analyse de la situation nous amène à nous demander si nous ne nous retrouvons pas à nouveau devant le problème récurrent du transfert intergénérationnel. La génération des baby-boomers semble s'acheminer vers la retraite anticipée, et ce qu'ils ont créé est à vendre. Il ne faut pas perdre de vue que la plupart des grandes entreprises du Québec, comme Bombardier, Jean-Coutu, Quebecor, Cogéco, Softimage, Vidéotron et Cascades, sont encore des entreprises familiales et que les problèmes d'autrefois subsistent toujours. Pas moins de 75% des firmes familiales ne se rendent pas à la seconde génération, 93% ne traversent pas le seuil de la troisième. C'était vrai hier, ce l'est malheureusement encore aujourd'hui[25]. À l'exception de l'Institut sur l'entreprise familiale animé par Philippe de Gaspé Beaubien, peu d'organisations s'intéressent à cette question, pensant sans doute qu'il est plus facile de fonder de nouvelles entreprises que de tenter de préserver le contrôle de celles qu'on possède déjà. En 1962, pour trouver une solution à ce problème, on a créé la SGF qui a contribué à la naissance d'un groupe dont l'effet de taille a eu un impact indéniable sur l'évolution du milieu entrepreneurial. Aujourd'hui, la mission de la SGF est d'une autre nature. Est-il possible d'imaginer d'autres véhicules capables de remplir une fonction similaire?

Le passage du pouvoir économique des entreprises de fabrication (celles qui canalisent les forces qui créent) aux entreprises financières n'aide en rien la cause. Dans une série d'articles de *l'Action nationale*, Rosaire Morin démontre que la situation ne s'est aucunement améliorée en trente ans. Durant les années 1960, les institutions québécoises ne géraient que 6 % de l'épargne canadienne et il en va encore ainsi aujourd'hui. Morin atteste par ailleurs que de nombreuses institutions financières francophones, notamment les fonds d'investissement, ne se comportent pas différemment des sociétés sous contrôle anglophone et réinvestissent très peu au Québec[26]. En 1960, l'argent des Québécois finançait la croissance de l'Ontario et de l'Ouest canadien et, pour se développer, il fallait importer du capital. Telle est encore la situation en 1997, sauf que cette fois une portion appréciable de l'épargne est acheminée vers les marchés internationaux. Les travaux de Morin ont été salués par les uns et remis en cause par les autres. Parmi les commentaires formulés, quelques-uns méritent d'être relevés. André Marsan, président et chef de la direction de Montrustco, s'oppose à toute démarche visant à réglementer les flux de capitaux. Selon lui, « tous les pays qui l'ont fait se sont appauvris[27] ». Le journaliste Claude Picher considère que l'éclairage des travaux de Morin est incomplet en invoquant notamment l'absence de données sur les investissements réalisés au Québec. Picher fait également remarquer que le problème, si problème il y a, ne semble pas affecter l'accès au financement pour les entreprises québécoises[28]. Jacques Parizeau rétorque que l'important dans cette affaire n'est peut-être pas la présumée fuite des capitaux, à propos de laquelle il aimerait bien avoir des données plus officielles, mais le fait que les centres de décisions des institutions qui gèrent une forte proportion de l'épargne québécoisc soient situés à l'extérieur de la province[29].

La triste réalité est que, sauf exceptions, et il y en a, les financiers d'aujourd'hui ont de moins en moins d'attaches patriotiques et cherchent exclusivement les rendements élevés. Leur logique est devenue une loi du marché qui souffre mal les impératifs de nature sociale ou politique. Si, pour faire des profits, de faramineux profits, les banques, qui jouissent d'un contrôle accru sur le milieu financier, doivent vendre la propriété des entreprises du Québec, elles vont le faire ! Au moment où ces lignes sont écrites, le Mouvement Desjardins étudie des offres d'achat pour la Banque laurentienne et plusieurs firmes étrangères sont sur les rangs.

Il ne faut pas se leurrer, ces ventes à des intérêts étrangers ne sont pas toujours productives, même si elles nous sont souvent présentées comme des occasions uniques d'élargir les horizons des créateurs d'ici. Un des dirigeants de DMR, Serge Meilleur (le M de DMR), publiait en 1997 un livre choc sur la vente de son entreprise. Il y affirme qu'on a commis une grande erreur en laissant filer l'entreprise entre les mains de gestionnaires américains. Il est clair, précise-t-il, que dans l'avenir, les choix stratégiques de DMR ne seront plus dictés par les intérêts du Québec, mais par ceux des nouveaux propriétaires[30]. Or comme DMR, à l'instar de plusieurs firmes nées pendant la Révolution tranquille, s'alimente en contrats auprès des entreprises d'État et des gouvernements, l'argent des contribuables québécois servira dans ce cas-ci des visées étrangères.

La communauté d'affaires francophone est-elle pour autant en train de revivre ce qu'on a connu au cours des années 1890, 1920 et 1950, soit la perte de ses leaders? Il ne faut rien exagérer. Il est vrai que plusieurs firmes comme SNC-Lavalin, Provigo, CGI ou Bombardier ont atteint des niveaux de croissance qui en font des cibles de choix pour les multinationales étrangères et qu'aucune de ces entreprises n'est totalement à l'abri d'une prise de contrôle. Mais lorsqu'on compare les listes d'entreprises francophones d'aujourd'hui avec celles d'il y a vingt ans, on est frappé par la vitalité de l'entrepreneuriat et l'important processus de regroupement des forces qui s'est opéré au cours des deux dernières décennies. On dénombre au moins une trentaine d'entreprises majeures qui ne sont plus de grosses PME comme à la fin des années 1970, mais qui, dans certains cas, ont maintenant la masse requise pour évoluer sur la scène internationale. Parmi les plus évidentes, mentionnons Bombardier (actuellement la seule vraie firme internationale du Québec), Quebecor, Donohue, Cascades, Ivaco, Desjardins, La Fédérée, La SGF et la Caisse de dépôt.

TABLEAU 7.2

Les leaders du milieu des affaires francophone

Origine privée	Origine coopérative ou syndicale	Origine publique
Banque nationale	Agropur	Caisse de dépôt
Bombardier	Culinar	Domtar
Canam-Manac	Desjardins	Hydro-Québec
Cascades	Fonds de solidarité	Loto-Québec
Donohue	La Fédérée	SAQ
CGI		SGF
Groupe Trans-Continental		
Ivaco		
Jean-Coutu		
Kruger		
Métro-Richelieu		
Provigo		
Quebecor		
Raymond, Chabot, Martin, Paré		
Samson, Bélair/Deloitte & Touche		
SNC-Lavalin		
Tembec		
UAP		
Vidéotron		

Il existe aussi une relève. Des dizaines d'entreprises nouvelles sont devenues, au fil des dernières décennies, des employeurs importants au Québec et même parfois à l'étranger. Parmi les cas les plus intéressants, signalons Future Electronique (commerce), ADS (textiles), Cabano Kingsway (transport), EBC (génie civil), Biochem Pharma (biotechnologies), Pomerleau (construction), Lassonde (produits alimentaires), Télésystème national (télécommunications) et le Cirque du soleil (culture). L'existence de cette relève indique que les assises économiques francophones sont beaucoup plus solides qu'elles ne l'étaient, toutes proportions gardées, il y a cinquante ou cent ans. Le défi est maintenant de lui assurer le soutien dont elle a besoin pour continuer de progresser. Il faudra bien compter une dizaine d'années avant que cette relève n'engendre de nouveaux Bombardier, à la condition toutefois qu'elle ait droit au même soutien de la part de la communauté québécoise. Entre-temps, comme l'économiste Pierre-André Julien l'affirme depuis de nombreuses années, il est possible de jeter les bases d'une économie fondée sur une plus grande synergie entre les grandes sociétés et les PME[31].

TABLEAU 7.3

**L'intégration financière est devenue une réalité :
les grandes institutions financières et leurs filiales dans les
différentes branches d'activité**

Tête du groupe	Assurance	Fiducie	Courtage
Banque nationale	Assurance-vie, Banque nationale	Trust général Société de fiducie Natcan Family Trust	Lévesque, Beaubien, Geoffrion Investel
Mouvement Desjardins	Assurances générales Desjardins Groupe Desjardins-Laurentienne	Fiducie Desjardins	Valeurs mobilières Desjardins Disnat
Banque laurentienne (propriété à 57 % du Mouvement Desjardins)		Trust La Laurentienne Trust prêt et revenu	BLC valeurs mobilières

Il reste qu'en cette période de l'histoire du capitalisme marquée par l'interpénétration des économies et la concentration, le gouvernement Bouchard semble surtout préoccupé par l'évolution des investissements des entreprises et la promotion prioritaire des investissements étrangers[32]. Dans les secteurs de pointe, il propose actuellement aux firmes étrangères des conditions en matière de financement et de crédits d'impôt qui défient toute compétition en Amérique du Nord. Malgré cela, selon le journal *Les Affaires*, pendant que les investissements croissent au Canada et notamment en Ontario, ils déclinent au Québec.

TABLEAU 7.4

Évolution des investissements des entreprises au Québec et en Ontario, 1993-1996

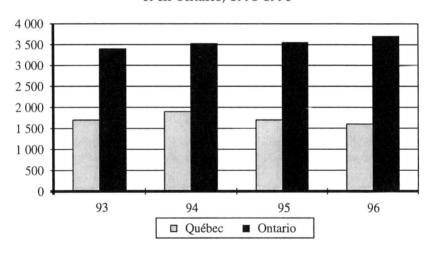

Source: *Les Affaires*, 21 septembre 1996.

Le contexte favorable que Québec tente de créer actuellement devrait, selon toute logique, se traduire par de nouvelles hausses au cours des années à venir. Doit-on se réjouir de cette situation? Dans la mesure où nous sommes devant des investissements productifs, comme cela a été le cas dans les dossiers UBI Soft ou MCI, il y a sans doute des gains à faire sur le plan de l'emploi. Mais s'il s'agit de simples transferts de propriété, comme dans le dossier SODARCAN ou celui de DMR, l'intérêt du Québec est nettement moins évident. On pourra toujours argumenter qu'il vaut mieux, dans le contexte mondial actuel, être partie d'un grand ensemble industriel ou financier et qu'en se vendant à des multinationales, on se donne de nouveaux moyens d'intégration à l'économie globale, il reste que le pouvoir de décision fuit avec la propriété et qu'il n'est pas rare que les emplois suivent!

Pour l'instant, les pouvoirs publics font l'analyse que le capital étranger n'est pas une menace, et il est vrai que sa présence sur le territoire québécois est moins étendue que sur celui du Canada (17% contre 28%)[33]. Mais si la vente d'entreprises francophones se poursuit, l'emprise étrangère pourrait rapidement redevenir le problème qu'elle était autrefois. Il ne faut surtout pas oublier qu'il en coûte beaucoup plus cher à une société d'être dépendante de propriétaires étrangers qui n'hésiteront jamais, comme l'ont fait les dirigeants de Kenworth en 1996-1997, à hausser le niveau de leurs exigences en subventions et en passe-droits de toute sorte pour bien vouloir condescendre à rester au Québec. Il ne faut pas non plus perdre de vue que les centres de décision des firmes étrangères sont par définition à l'extérieur du Québec, ni que les profits enregistrés par ces entreprises franchissent quotidiennement la frontière.

TABLEAU 7.5

**Évolution des investissements étrangers au Québec,
1994 à 1996 (en millions de dollars)**

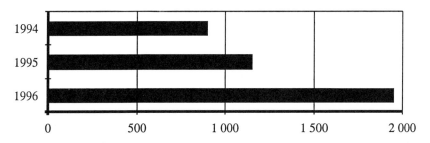

Source: Les Affaires.

195

Rien n'est donc totalement acquis pour les francophones dans le contrôle de l'économie québécoise. Si maintenir la capacité d'agir sur l'environnement économique demeure un objectif souhaitable, il faut d'abord redevenir vigilant et ensuite reprendre la réflexion sur les moyens à mettre en œuvre pour que les firmes francophones se taillent une meilleure place au plan international. Il faut savoir doser les avoirs sous contrôle national et ceux détenus par les étrangers en fonction des priorités de développement qu'on choisit de promouvoir et de l'autonomie économique que l'on juge nécessaire à l'exercice de sa liberté d'action sur les terrains politique et social.

▶ La concertation et le projet de société

Les deux grands sommets économiques de 1996 et de 1997 ont donné lieu à un exercice laborieux. Le gouvernement voulait régler son problème de déficit et disposait en cette matière de l'appui du patronat. Les syndicats et les groupes sociaux appelaient de leur côté à un investissement social dans l'emploi et la lutte contre la pauvreté. La rupture fut évitée de justesse grâce à une révision du calendrier devant mener au déficit zéro, à l'adoption d'une charte quelque peu symbolique sur l'emploi et à l'annonce d'une série de projets qui visaient d'abord à projeter à la population une image dynamique et positive. Peu se sont laissé duper. Le fossé se creuse dangereusement sur le terrain où sont érigées les bases du contrat social fondant le modèle québécois.

Rappelons rapidement ce que contient ce contrat social. Qu'il ait été formulé de façon implicite ou explicite importe peu. Ce contrat stipulait en gros que le Québec allait entrer dans la modernité et s'émanciper par l'enrichissement collectif, l'amélioration des conditions de vie, la création d'emplois, l'amélioration du système d'éducation pour hausser le niveau de scolarité de la population et, enfin, l'instauration d'un régime politique doté d'une autonomie accrue et favorisant un contact plus direct avec le peuple. Sous ses aspects économiques, l'accent était donc placé sur l'enrichissement, l'amélioration des conditions de vie et l'emploi. Selon Pierre Fortin, les Québécois ont amélioré leurs conditions économiques et se sont enrichis depuis 1961. Mais nous serions maintenant plongés dans une période de ralentissement qui en laisse plus d'un sceptique [34]. Un dossier très révélateur du journal *La Presse* démontrait en septembre 1997 que 42 % des Québécois se sont appauvris... et endettés[35].

Aujourd'hui, nous sommes aux prises avec les mêmes problèmes qu'en 1960. Comme il y a trente ans, ceux qui luttent contre la pauvreté grandissante mènent leur combat avec des moyens qui datent de l'âge de pierre. Il y a plus de pauvres en 1997 qu'au moment où l'on a introduit le programme d'aide sociale au début des années 1970. Il y a eu enrichissement collectif, le fait est indéniable, comme en témoignent l'émergence d'une importante classe moyenne et la prolifération des banlieues, mais cet enrichissement piétine et un contingent grandissant de Québécois glisse dangereusement vers le caniveau de la pauvreté. Nous vivons actuellement une importante fracture sociale que la question nationale tend à masquer, mais qui resurgit invariablement chaque fois que l'État, gardien présumé du contrat social, tire la société vers le bas.

La lutte que mènent les pouvoirs publics dans le dossier de l'emploi est sans doute méritoire à plus d'un chapitre, mais elle demeure très peu productive. Au-delà des statistiques qui peuvent occasionnellement mettre un peu de baume sur la plaie du chômage, d'importants problèmes subsistent, comme le travail au noir ou le découragement des dizaines de milliers de travailleurs laissés au bord de la route d'une modernisation du travail qui ne s'intéresse plus qu'aux emplois techniques et technologiques[36].

L'économie au noir est sans doute la forme d'activité la plus antisociale et celle qui contribue le plus à saper le sens de la collectivité. Pourtant, elle fleurit. Selon le Centre interuniversitaire de recherche en analyse des organisations, il y aurait 20 000 travailleurs au noir dont les activités économiques représenteraient une valeur de 3,4 à 4,4 milliards de dollars par année[37]. Le problème est majeur et n'a pas encore trouvé de solution efficace autre que la lutte sur le terrain par les organisations syndicales.

La réforme de l'aide sociale est censée ramener dans l'économie active ceux qui ont été marginalisés. L'idéologie du *workfare* y remplace celle du *welfare* en mettant l'accent sur le retour au travail, objectif qui justifierait, semble-t-il, le recours à des mesures musclées comme l'identification des personnes aptes au travail, l'imposition de pénalités, etc. Jean Panet-Raymond et Éric Shragge montrent bien que le *workfare* inverse la logique du *welfare* selon laquelle la citoyenneté donne droit à une protection sociale collective par l'État et que, ce faisant, il sape les valeurs d'égalité et de solidarité pourtant indispensables au succès de *Québec inc*[38].

Actuellement, les espoirs sont canalisés vers l'économie sociale perçue par plusieurs comme un moyen de relancer l'emploi. L'aspect le plus positif de ce nouveau projet repose sur sa dimension de «prise en main» par les victimes du chômage, mais si cela se traduit par un renoncement de l'État à ses responsabilités et l'élargissement des coupures dans le secteur public, il n'est pas du tout certain que la collectivité en sorte gagnante. L'expérience vaut sans doute tout de même d'être tentée, mais il faudra être conscient que les résultats seront proportionnels à l'énergie et aux ressources qui auront été investies dans le projet. Lors du sommet économique de 1997, les représentants de quelques grandes entreprises comme la Banque nationale, Jean-Coutu, l'Alcan et le Mouvement Desjardins se sont engagés à soutenir la création d'un fonds pour l'économie sociale, mais rien de très concret ne semble en être ressorti pour l'instant. D'autres démarches, comme celles du Fonds de solidarité (FTQ) et de Fondaction (CSN), constituent également des apports intéressants au soutien à l'emploi, mais, encore ici, il y a des limites: ces institutions, aussi inventives puissent-elles être, ne remplaceront jamais un engagement sans réserve et adéquatement soutenu des pouvoirs publics et des entreprises.

Ces constats montrent que le modèle québécois n'a pas livré tout ce qu'il promettait. Évidemment, en 1960, on comptait que la progression de l'entreprise francophone allait prendre le relais en matière de création d'emplois. Il serait faux de prétendre qu'aucun progrès n'a été enregistré à ce chapitre. Une compilation faite à partir des entreprises recensées dans la liste des 500 plus importantes du Québec fait ressortir que, contrairement à celles sous contrôle canadien-anglais, les firmes de propriété francophone ont contribué au cours des années à la création d'emplois. En 1997, les 274 entreprises sous contrôle francophone de cette liste avaient à leur emploi 15 000 personnes de plus qu'en 1995. L'analyse présentée dans les chapitres précédents confirme par ailleurs que les firmes du Québec sont en général mieux ancrées dans les secteurs de la nouvelle économie. Cela suffira-t-il à régler le problème de l'emploi? Sans doute que non, mais cet apport peut contribuer à la solution.

Une chose est certaine. Si les gestionnaires du public et du privé s'entêtent dans une vision bornée d'un développement économique totalement inféodé aux lois du marché et reprennent les prédications sans nuance sur la mondialisation de l'économie et ses commandements, le règne de cette pensée unique finira par saper les droits collectifs et la démocratie, ce qui minera définitivement la base qui a permis à *Québec inc.* de traverser les trois dernières décennies. Il faut donc résister aux modes, à la démagogie anti-étatiste et, pour retrouver le sens perdu des intérêts de la communauté québécoise, revenir à un point d'équilibre qui permettra de tirer le meilleur du dynamisme, de la capacité d'adaptation et du potentiel de création d'emplois de l'entreprise privée, tout en préservant la capacité de l'État de planifier et d'orienter le développement.

Dans *Au service de la tradition française*, Édouard Montpetit écrivait en 1920 : « Le sens pratique a pu créer des peuples comme l'idéal jadis en a formé ; mais les nations qui ont connu d'abord la vie économique éprouvent, une fois grandies, le secret désir, le besoin de chercher dans la culture intellectuelle un élément nouveau qui les complète, fussent-elles nées à une époque d'égoïsme et eussent-elles fondé sur les affaires un empire dont la grandeur bientôt ne leur suffit plus ; et ce sera le mérite de l'industrialisme contemporain que d'avoir permis à l'homme de vivre chaque jour un peu plus de la vie de l'esprit et du cœur en s'assurant un peu mieux chaque jour la vie du corps[39]. »

Québec inc. ne peut être, lui non plus, totalement désincarné au nom d'un quelconque objectif supérieur. Le modèle doit contribuer à « la vie du corps ». Dans cet ouvrage, nous nous étions donné pour mission de retracer le cheminement de l'entreprise francophone et d'en situer la dynamique actuelle. Le retour sur l'histoire permet de constater à quel point les assises de cette entreprise sont fragiles, mais aide aussi à mieux mesurer les pas de géants accomplis depuis les années 1960. La classe entrepreneuriale qui contrôle actuellement l'économie du Québec n'est pas uniquement le fait des individus qui la forment, elle est la résultante de l'addition de couches sédimentaires qui se sont superposées au fil des décennies. Les dirigeants de CSL n'ont pas le droit d'oublier qu'ils doivent leur existence à l'initiative qui a amené Sincennes et ses associés à créer la Compagnie du Richelieu au siècle dernier. Ceux de la Banque nationale n'auraient rien à administrer si les batailles de la Banque du peuple et les autres qui ont suivi n'avaient convaincu les Québécois de la nécessité de ne pas être totalement dépendants sur le plan financier.

Il ressort de ce dernier chapitre que rien n'est acquis. La nouvelle élite économique a d'importantes responsabilités à l'endroit de la population québécoise qui lui a permis de voir le jour en investissant ses ressources collectives, et dont l'appui lui est toujours aussi indispensable pour continuer de progresser. Aujourd'hui à la croisée des chemins, elle ne pourra satisfaire ses aspirations que dans la mesure où elle aura convaincu la population québécoise qu'il est toujours dans son intérêt collectif de continuer à l'appuyer.

▶ Notes

1. Michel Bellavance et al., *L'analyse des politiques gouvernementales: trois monographies*, Québec, Presses de l'Université Laval, 1983.
2. Jacques Parizeau, *Pour un Québec souverain*, Montréal, VLB Éditeur, 1997, p. 172.
3. Mario Fontaine, «Jacques Parizeau ramène l'idée de privatiser une partie d'Hydro», *La Presse*, 9 octobre 1997.
4. François Normand, «Le président de SNC-Lavalin croit que le Québec devrait s'inspirer du Royaume-Uni», *Le Devoir*, 16 octobre 1997.
5. Alain Guilbert, «Onze ans après le rapport Gobeil», *Les Affaires*, 11 octobre 1997.
6. Monique Jérome-Forget, «Pour une SGF rajeunie», *Les Affaires*, 18 octobre 1997.
7. Francis Vaille, «Claude Blanchette a le feu vert pour regrouper les sociétés d'État», *Les Affaires*, 6 décembre 1997.
8. Gouvernement du Québec, Ministère des Affaires internationales, Direction générale de la politique commerciale, *Le Québec et l'Accord de libre-échange nord-américain*, Québec, Ministère des Affaires internationales, 1993.
9. En 1996, le gouvernement québécois a accordé 24 000 contrats de sous-traitance, redevenant du coup une importante source de revenus pour les bureaux de consultation.
10. On disait de ce plan, en octobre 1996, qu'il avait contribué à créer 54 000 emplois et permis le démarrage de 10 400 entreprises.
11. *Les Affaires*, 11 janvier 1997.
12. À peine une dizaine.
13. Le Mouvement Desjardins n'en éprouve pas moins des difficultés à s'implanter au niveau international. L'actif du groupe lui attribue une place encore très modeste sur la scène mondiale avec moins de 3 % des avoirs des banques coopératives.
14. Hydro-Québec (16ᵉ), Provigo (20ᵉ), Bombardier (23ᵉ), Quebecor (34ᵉ), Métro-Richelieu (50ᵉ), Imprimerie Quebecor (51ᵉ), Domtar (73ᵉ), Cascades (91ᵉ), Loed (96ᵉ).
15. Hydro-Québec (15ᵉ), Bombardier (18ᵉ), Provigo (23ᵉ) et Quebecor (25ᵉ).
16. Luc-Normand Tellier, «L'Île de Montréal se dépeuple: Le phénomène "du trou de beigne" va s'accentuer, révèle une étude», *La Presse*, 13 mai 1996.
17. François Normand, «Le dynamisme tranquille, Montréal commence à ressentir les effets positifs de la reprise économique au Canada», *Le Devoir*, 17 août 1997.
Paul Durivage, «Bilan de santé de l'économie montréalaise. On respire!», *La Presse*, 24 septembre 1997.
18. Statistique Canada, *Données de recensement*.
19. Jacques Parizeau, «Qui sommes-nous? Où allons-nous?», *Le Devoir*, 30 octobre 1996.
20. Voir notamment Fernand Martin, *Montréal: les forces économiques en jeu, vingt ans plus tard*, texte ronéotypé, mai 1996.
21. Price Waterhouse, *Le positionnement de Montréal en Amérique du Nord dans les secteurs de pointe*, octobre 1995.
22. Charles Halary, «Montréal en son île: un levier pour la mondialisation», *La Presse*, 27 novembre 1997.
23. Gouvernement du Québec, Ministère de l'Industrie, du Commerce, de la Science et de la Technologie, *Rapport annuel 1996-1997*, Québec, 1997.
24. «Stratégie d'acquisition: les entreprises québécoises ne sont pas assez dynamiques», *Les Affaires*, 2 novembre 1996.
25. Voir l'analyse du journal *Les Affaires* du 5 juillet 1997.
29. Rosaire Morin, «La déportation québécoise», *L'Action nationale*, vol. 86, n° 8, 1996.
27. Dans Miville Tremblay, «Le contrôle de l'épargne: le pour et le contre», *La Presse*, 4 décembre 1997.
28. Claude Picher, «L'exode des capitaux», *La Presse*, 4 décembre 1997.
29. Miville Tremblay, *op. cit.*
30. Serge Meilleur, *DMR la fin d'un rêve*, Montréal, Éditions Transcontinentales, 1997.

31. Voir l'entrevue d'Élaine Hémond, «Pierre-André Julien, Apôtre de la PME distincte», *La Presse*, 8 septembre 1997.
32. On a dénombré en 1996 quelque 22 000 fusions d'entreprises (*Le Devoir*, 30 décembre 1996).
33. Jean-Luc Migué, «Étatisme et protectionnisme», *Les Affaires*, 22 février 1997.
34. Pierre-Yves Crémieux, Pierre Fortin et Marc Van Audenrode, *L'évolution macroéconomique et la question budgétaire au Québec*, Québec, Conseil de la santé et du bien-être, novembre 1994.
35. Michel Girard, «42% des Québécois se sont appauvris», *La Presse*, 9 septembre 1997.
36. Voir Maurice Jannard, «Les travailleurs vivent des temps difficiles depuis 90», *La Presse*, 26 juin 1997.
37. *Les Affaires*, 15 juin 1996.
38. Jean Panet-Raymond et Eric Shragge, «Le Workfare: solution miracle ou injustice», *Le Devoir*, 31 décembre 1996.
39. Édouard Montpetit, *Au service de la tradition française*, Montréal, L'Action française, 1920, p. 181.

DATE DE RETOUR L.-Brault

ACHEVÉ D'IMPRIMER
CHEZ
MARC VEILLEUX,
IMPRIMEUR À BOUCHERVILLE,
EN AVRIL MIL NEUF CENT QUATRE-VINGT-DIX-HUIT